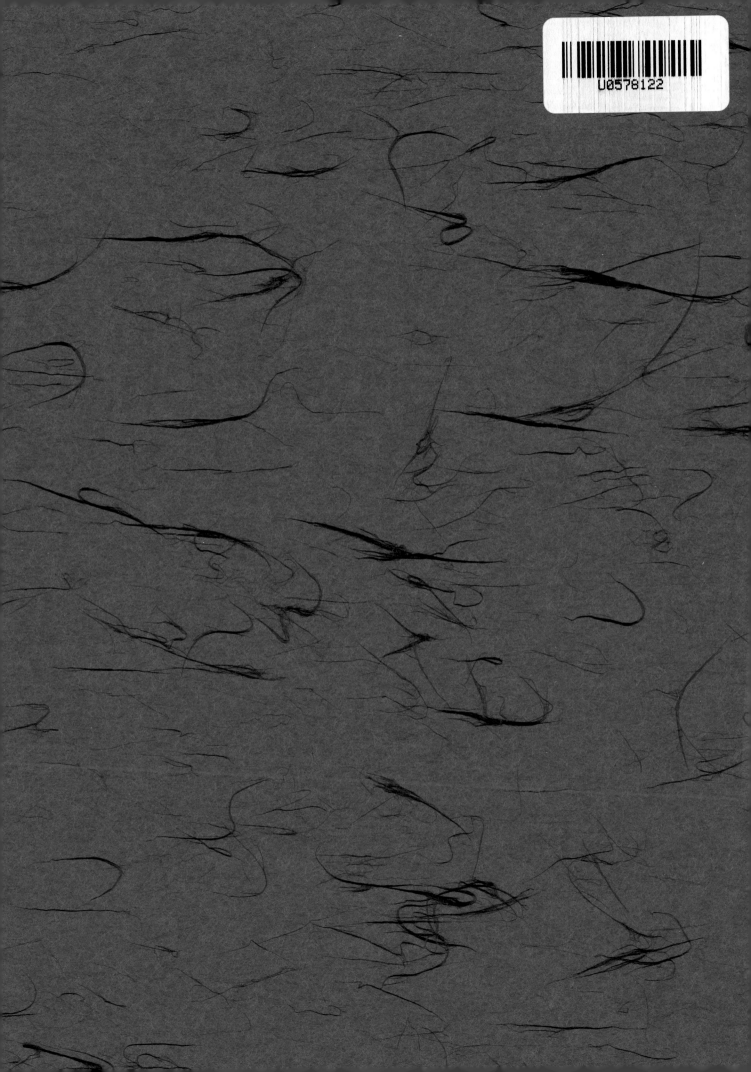

深圳民间收藏精粹

深圳市文物管理办公室

深圳博物馆

深圳市文物考古鉴定所

文物出版社

图书在版编目（CIP）数据

　　深圳民间收藏精粹/深圳市文物管理办公室，深圳博物馆，深圳市文物考古鉴定所编著. — 北京：文物出版社，2010.11
　　ISBN 978-7-5010-3049-1

　　Ⅰ．①深… Ⅱ．①深… ②深… ③深… Ⅲ．①历史文物—深圳市—图录 Ⅳ．①K872.653.2

　　中国版本图书馆CIP数据核字（2010）第196046号

摄　　　影	孙之常
装帧设计	顾咏梅　刘　远
责任印制	梁秋卉
责任编辑	张小舟

出版发行	文物出版社
地　　址	北京市东直门内北小街2号楼
邮　　编	100007
网　　址	http://www.wenwu.com
	E-mail:web@wenwu.com
制版印刷	北京圣彩虹制版印刷技术有限公司
开　　本	889毫米×1194毫米　1/16
印　　张	16
版　　次	2010年11月第1版
印　　次	2010年11月第1次印刷
书　　号	ISBN 978-7-5010-3049-1
定　　价	220.00元

2007年6月，借我国第二个"文化遗产日"的有利时机，深圳市文化局与深圳商报社联合举办了"深圳收藏月"活动。《深圳民间收藏精品展》也在收藏月里隆重推出，受到收藏界朋友以及广大市民的欢迎与好评。

常言道："乱世黄金，盛世古董。"收藏作为一项有着广泛群众基础的有益文化活动，在某种意义上可说是一个地区、一座城市经济繁荣、文化昌盛的标志。近年来，我市民间收藏活动不断升温，涌现出一批收藏爱好者，这是深圳经济社会繁荣发展的必然现象。收藏不仅仅是一种个人行为，同时也是民间力量参与文化遗产保护的一个重要方式。具体到我市而言，促进民间收藏活动的开展，对于加快我们这座年轻城市的文化积累，优化人文环境，提升文化品位，构建完善的公共文化服务体系，推进文化创新与和谐社会建设，更有着十分积极的意义。市委、市政府对做好民间收藏活动的扶持工作也十分重视，要求我们按照"藏家拥有，政府支持，各界辅助，市民共享"的思路，积极做好对民间收藏活动的扶持工作。

《深圳民间收藏精品展》是特区建立以来举办的首次全市性民间收藏展示、交流活动。为确保展览成功，我们要求承办单位精心策划、认真组织，做到"藏友认可、专家肯定、市民满意"。这个展览的特点，一是规模较大。展览汇集了名家书画、古陶瓷、青铜杂项等展品400余件，各个门类自成系列；二是精品较多。展览得到广大藏友的热情支持，一些很有实力、但过去一直十分"低调"的收藏大家也参与进来，将自己的"秘藏"首次公诸于世。因此，精品荟萃，特别是高古陶瓷、汉唐铜镜和藏传佛教文物等方面，更不乏稀世之珍；三是组织规范。这次展览实行专家负责制，即按藏品门类，委托一流专家主持鉴定与评介工作，以保证展览的质量与水平。

毋庸讳言，由于深圳是座年轻的移民城市，收藏活动的基础比较薄弱，收藏的整体水平还有待提高，收藏的社会环境也有待进一步优化。当今收藏市场诚信缺失，假货泛滥，收藏爱好者受骗上当的现象屡见不鲜。因此，抵制收藏市场的不良行为与风气，优化收藏的社会环境，引导民间收藏活动健康开展，也是政府应尽的一份责任。我们举办这次收藏月活动，其出发点与目的正在于此。

民间收藏是一个很大的领域。这次收藏月，为突出重点与特色，只选择了书画、古陶瓷、青铜杂项等门类藏品举办展览，今后可照顾到其他方面，每年有选择地举办一两个专题展览。我市的民间收藏，在诸如邮品、古籍版本、钱币、观赏石等方面，也都有较强的实力。因此，今年的收藏月活动只是一个开头，今后我们还将不断采取有力措施，健全服务机制，并出台一些扶持政策，进一步促进民间收藏活动的开展，让市民享受到更多的文化福利和改革开放的文化成果。

陈威（深圳市文化局、文物局局长）

2008.5

陶瓷篇

黑釉鸡首壶

东晋·德清窑
口径7.5、底径11.3、高22.5厘米
暂得斋藏

黑釉瓷约始烧于东汉，东晋趋于成熟，以浙江德清窑最具代表性。不过，六朝南方瓷器生产，黑瓷始终处于从属地位，故鸡首壶等器物中黑釉者较为少见。此壶时代风格显著，当为东晋德清窑黑釉瓷代表性产品。杭州老和山东晋兴宁二年（364年）墓出有相同造型的黑釉鸡首壶。

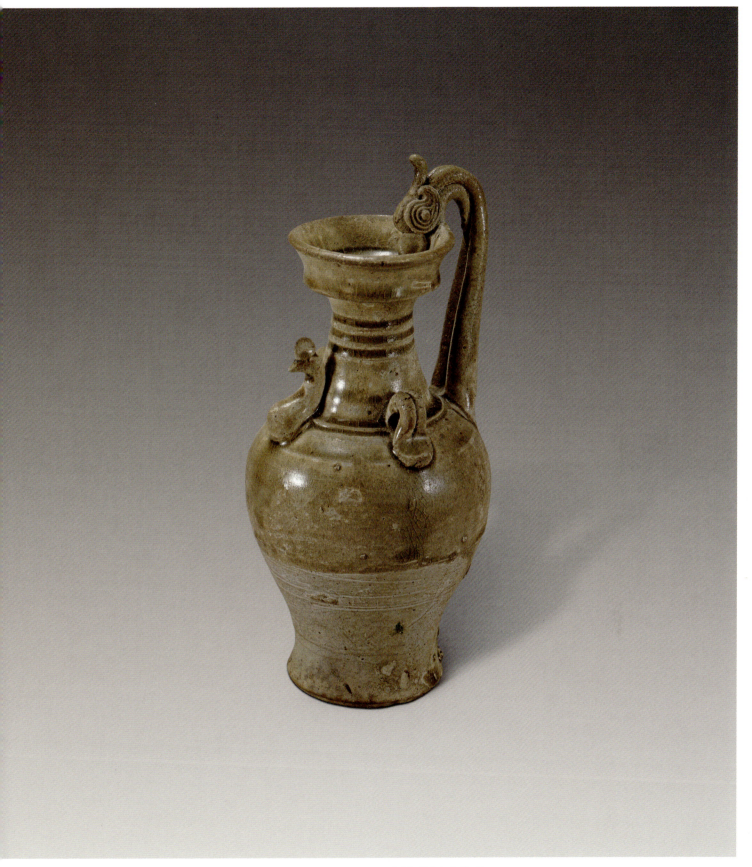

青瓷龙柄鸡首壶

隋

口径6.2、底径5.8、高19.8厘米

次瓦斋藏

此式壶为隋代典型器，系由先前流行的鸡首壶脱胎而来，南北方均有烧造。纪年墓出土品中见有隋大业四年（608年）李静训墓的白瓷鸡首壶。次瓦斋所藏的这件器物，形体不大，但造型生动，实乃"小器大样"之属。

青瓷四系罐

隋

口径6.3、底径6.9、高13.3厘米

次瓦斋藏

肩与腹部各贴四枚模印联珠纹人面，是此罐独特、罕见之处。贴花是三国两晋南北朝以来流行装饰，而联珠人面图案，显然吸收了外来文化因素。据谢明良的研究，这种联珠人面像有可能是希腊神化中的女妖美杜莎头像的变形，具有辟邪护符的功能。

青瓷唾壶

隋

口径9.1、底径10.1、高15.7厘米

暂得轩藏

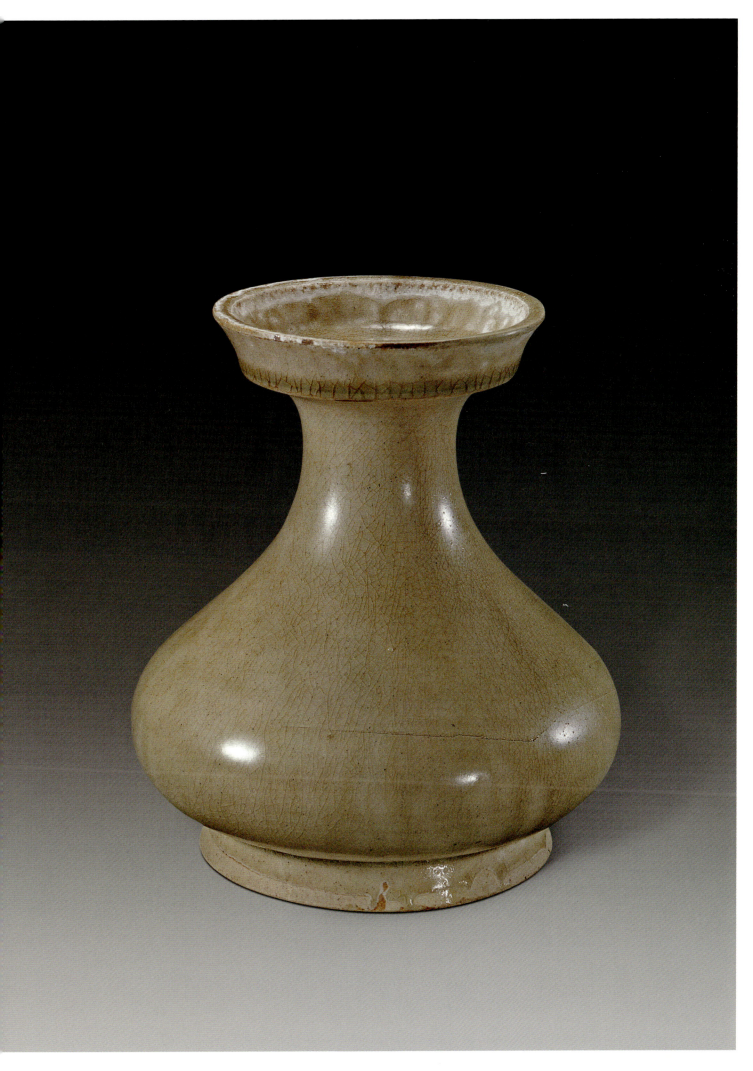

青瓷盂口瓶

隋

口径3、底径8.7、高29.1厘米

云水轩藏

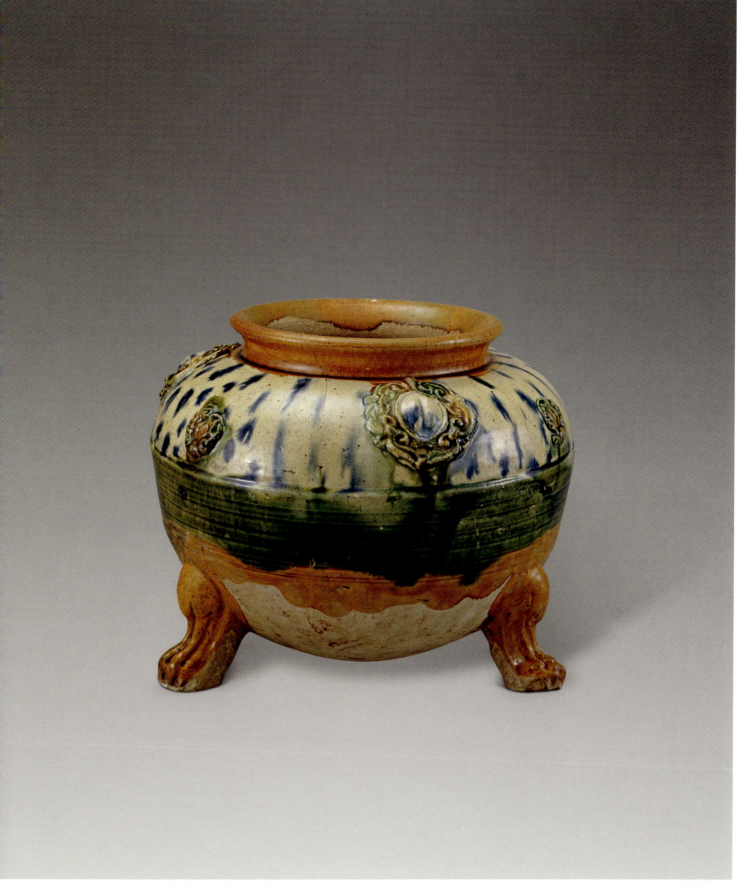

三彩贴花三足镤

唐·巩县窑
口径13.5、高16.7厘米
耕古斋藏

三足镤为唐代典型器。此器肩腹贴饰唐代流行的团花，
并以三彩器中少见的蓝彩点缀，尤显华贵。

三彩鸳鸯纹方枕

唐·巩县窑
宽11.8、高5.6厘米
云水轩藏

将鸳鸯比作夫妻，最早见于唐代诗人卢照邻《长安古意》中"愿作鸳鸯不羡仙"之句。唐代三彩枕多见的鸳鸯纹，正反映了这种世俗情态。

绞胎方枕

唐·巩县窑
长11、宽9.1、高5厘米
云水轩藏

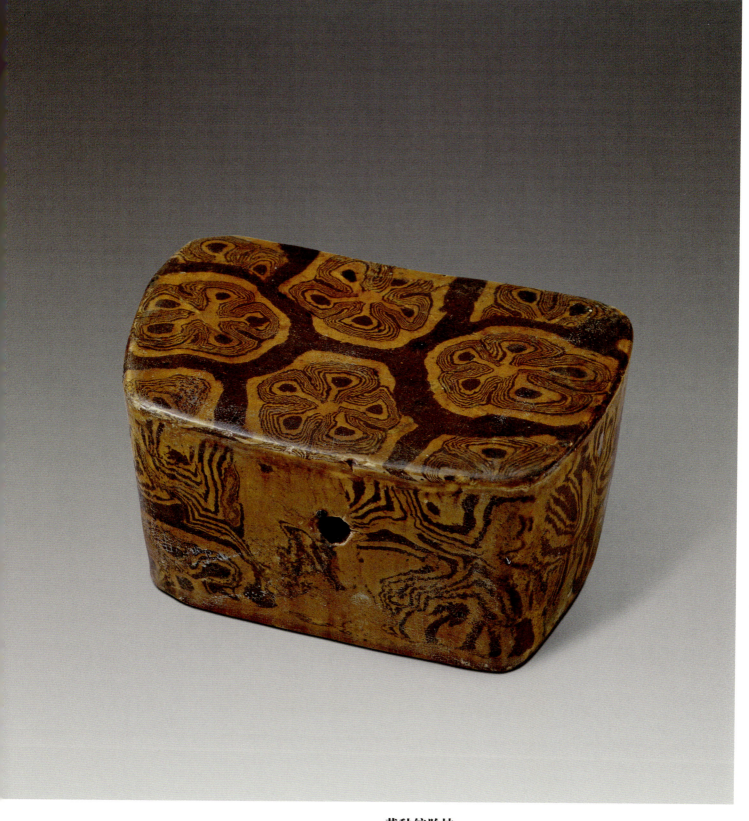

黄釉绞胎枕

唐·巩县窑
宽15、高8厘米
次瓦斋藏

绞胎系用深、浅两色泥料相绞，模仿当时的犀皮漆工艺，作出类似团花、木理纹、水波纹、编织纹、羽毛纹等花纹，然后根据需要切成泥片贴在或局部镶嵌于成型的器坯上；也有全部利用绞泥成型的器物。这里展示的两件绞胎枕，均以预先制好的团花泥片镶嵌在枕面上，而其他部位则以绞泥一次成型，花纹近似木理。

绞胎水盂

唐·巩县窑
口径2.9、高4.5厘米
云水轩藏

该水盂由两种色泥绞合成木理纹样，颇似瘿木雕挖而
成，颇具玩味。

褐黄釉马 [一对]

唐

高57厘米

刘尚军藏

马身以黄釉为底，再施以斑状褐釉，两种色釉相互浸
润，浑为一体。颈上鬃毛和尾部有为插入有机物制成的
鬃毛和马尾所留凹槽和插孔，这一做法多见于唐代甘肃
秦安地区出土三彩制品，地域特色鲜明。

彩陶天王俑
唐
高51.3厘米
刘政藏

该罐造型浑圆饱满，以浅盏为盖，肩部附兔形耳，俗称
"兔耳罐"。釉面微黄，胎质细密，修胎规整，为唐代
巩县窑白瓷上品。

白瓷双兔耳盖罐

唐·巩县窑

口径11.2、底径10.8、高21.1厘米

王耀金藏

该罐造型浑圆饱满，以浅盏为盖，肩部附兔形耳，俗称
"兔耳罐"。釉面微黄，胎质细密，修胎规整，为唐代
巩县窑白瓷上品。

青瓷葫芦形执壶

唐·越窑

口径6.4、底径6.5、高18.8厘米

宝光艺术藏

该壶造型别具巧思，"唐韵"十足，釉色青绿温润，当为唐代越窑上品。

白瓷双龙耳瓶

唐·巩县窑

口径10.9、底径12.7、高52.6厘米

刘政藏

双龙耳瓶，又称双龙尊，约出现于隋，唐代主要流行于东京洛阳一带。通常所见者瓶身多光素无纹，而此瓶腹部贴饰模印团花，龙柄之上还刻有鳞纹，较为鲜见。

白瓷净水瓶

唐·巩县窑

口径1.3、底径5.6、高21.1厘米

许孟俊藏

该瓶线条圆转流畅，简约而不失秀美，是唐代巩县窑白瓷上品。

黑釉剔填白彩花卉纹执壶

唐·黄堡窑

口径7.9、底径6.8、高24厘米

宝光艺术藏

黑釉剔填白彩是唐代黄堡窑特有的一种装饰，它首开剔花填彩装饰之先河，影响深远。陕西黄堡窑遗址曾出土此类标本，而存世较为完整者，似仅见于此件藏品。

青瓷急须
唐 · 水车窑
口径6.5、底径7.9、高13.3厘米
次瓦斋藏

煎茶之器。北宋黄裳诗云："寄向仙庐引飞瀑，一簇蝇声急须腹"（《龙凤茶寄照觉禅师》）。其句下自注："急须，东南之茶器。"此器手柄横出，釉面玻璃感强，满布开片，具唐代广东梅州水车窑青瓷典型特征。广东省博物馆藏有一件水车窑遗址出土的同式急须，惜为残器。次瓦斋所藏者，为目前所见唯一完整器，弥足珍贵。

黑釉瓜棱执壶
唐 · 黄堡窑
口径9.1、底径6.4、高24厘米
珠联雅集藏

该壶造型已由盛唐的浑圆饱满转向纤秀挺拔，反映了晚唐审美趋向的转变。

黑釉露胎釉彩花卉纹盘

唐·黄堡窑

口径14.1、底径9.8、高2.3厘米

望野藏

盘心露胎呈五角形开光，内以黑釉绘花卉，洒脱自然，颇具民间气息。

花釉龙柄兽流执壶

唐·鲁山窑

口径10.4、底径10.1、高26.8厘米

云水轩藏

"花釉"为唐代最富时代特色的瓷器品种之一。此壶造型与装饰浑然一体，月白釉斑似任意妆点，不经意中尽显豪放浪漫之风。

花釉双耳葫芦瓶

唐·鲁山窑
口径2.7厘米、底径7.5、高17.8
耕古斋藏

该葫芦瓶在花瓷中并不多见，褐釉之上的蓝斑浸润自然，颇能体现唐人浪漫之风韵。

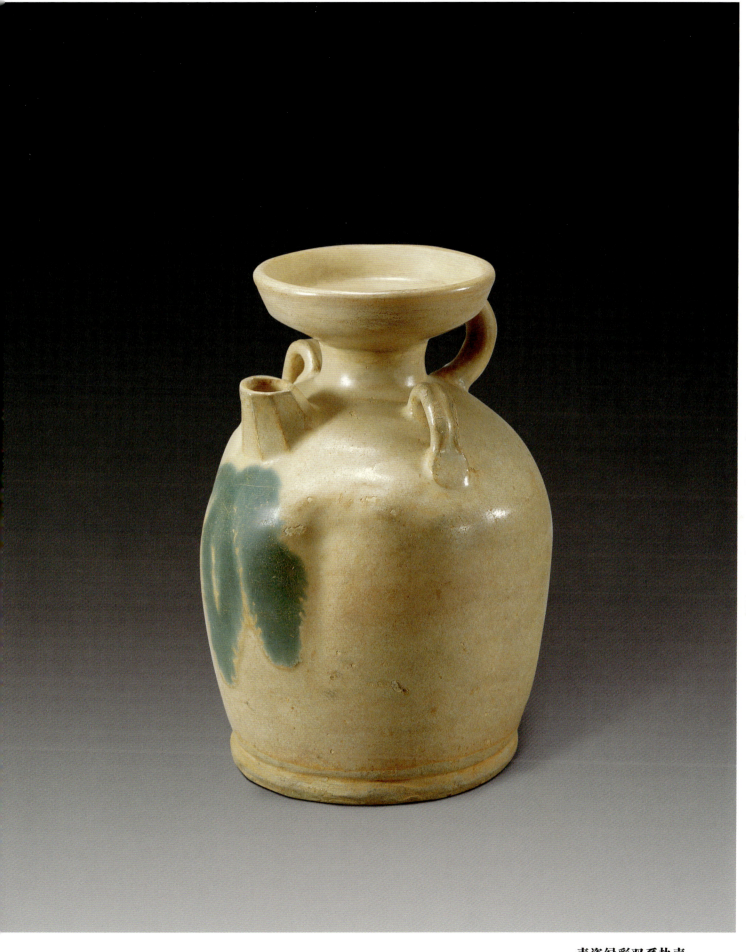

青瓷绿彩双系执壶

唐·长沙窑

口径8、底径9.7、高17.1厘米

怀沙斋藏

绿釉盘口穿带瓶

辽

口径9.3、底径10.2、高27.8厘米

暂得轩藏

白瓷四系盖罐

五代·南方窑场

口径9.2、底径9.7、高28.5厘米

宝光艺术藏

青瓷贴花俳优执壶

五代·耀州窑
口径5、底径8、高18.1厘米
宝光艺术藏

《新五代史·伶官传》载："庄宗既好俳优，又知音，能度曲……常身与俳优杂戏于庭，伶人由此用事，遂至于亡。"据此可知，后唐庄宗李存勖对俳优戏非常痴迷。而此时耀州窑正处于后唐统治区域，并为官府烧造瓷器。此壶造型优美，釉色淡青，温润如玉，腹部壶门形开光内以模印贴塑俳优作装饰，具有五代耀州窑青瓷之典型特征。在已知的收藏中，此壶为孤品，淘极可珍。

青瓷花口盏 [一对]

北宋·耀州窑
口径12.3、底径3.7、高4.3厘米
云水轩藏

盏壁内曲成五瓣，形似梅花，釉色青绿、莹润，为耀州青瓷盏上品。

青瓷凤首壶

五代至北宋·耀州窑
口径5.2、底径7.3、高24.2厘米
云水轩藏

耀州窑有多件凤首壶存世，有黑瓷、青瓷，有刻花、素面，凤首亦有单凤、双凤。从发表的资料看，耀州窑瓜棱腹青瓷凤首壶唯此一件，弥足珍贵。

青瓷台盏 [一对]

北宋·耀州窑

托口径14.5、底径8.3、高4.6厘米

盏口径10、底径3.2、高3.9厘米

通高8.5厘米

宝光艺术藏

据孙机先生考证，这种中心突起一小圆台的盏托称作
"酒台子"，盏置于其之上合称"台盏"，是宋代流行
的酒具。该对耀州窑台盏，工艺考究，釉色青绿莹润，
较为难得。

青瓷刻花花卉纹粉盒

北宋·耀州窑

口径6.1、底径6.7、通高5.6厘米

宝光艺术藏

青瓷刻花花卉纹执壶

北宋·越窑

口径7.2、底径7.8、高23.3厘米

程光慧藏

白瓷罐

北宋·定窑
口径7、底径8、高13厘米
望野藏

该罐呈瓜形，工艺看似简约而不失考究，釉面光洁坚
致，为北宋定窑精品。

白瓷刻花莲瓣纹罐

北宋·平定窑

口径9.9、底径7.6、高11.2厘米

程光慧藏

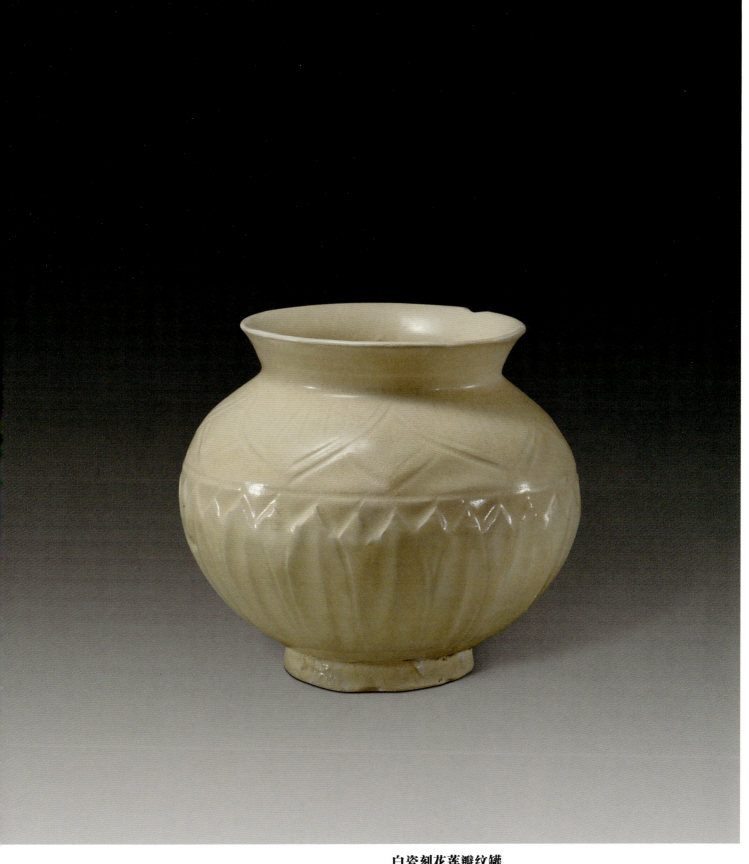

白瓷刻花莲瓣纹罐

北宋·平定窑

口径10.2、底径7、高12.5厘米

云水轩藏

山西平定窑邻近河北，是一座深受定窑影响的窑场。该罐釉色牙白，肩、腹部刻莲瓣，与山西平定窑遗址出土的标本特征一致，是可以初步确认为平定窑制品的少有完器。

白瓷双铺首耳罐

北宋·定窑

口径10、底径9.9、高15.1厘米

许孟俊藏

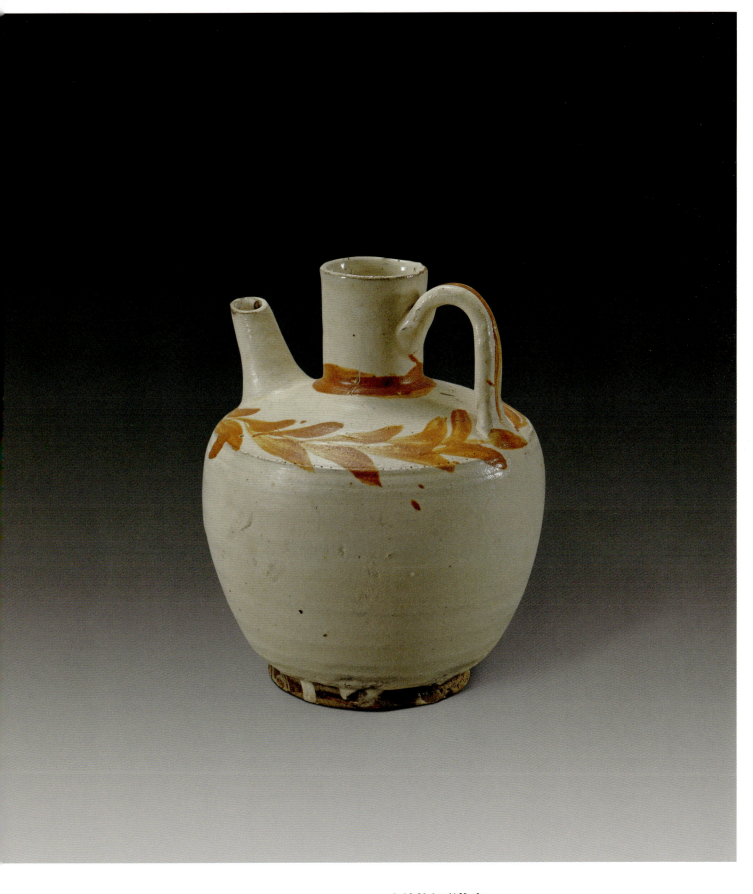

该壶为五代至北宋早期流行式样，肩部的柿红彩具山西
地方特色，介休、吕梁等地均发现有柿红彩器物遗存，
只是如此完整者较少见。

白地柿红彩执壶

北宋·山西窑场
口径3.5、底径6.8、高13.6厘米
宝光艺术藏

白地柿红彩花叶纹罐

北宋·山西窑场

口径13、底径10.6、高13.5厘米

云水轩藏

黑釉瓜棱执壶

北宋·耀州窑

口径5.1、底径8.8、高25厘米

云水轩藏

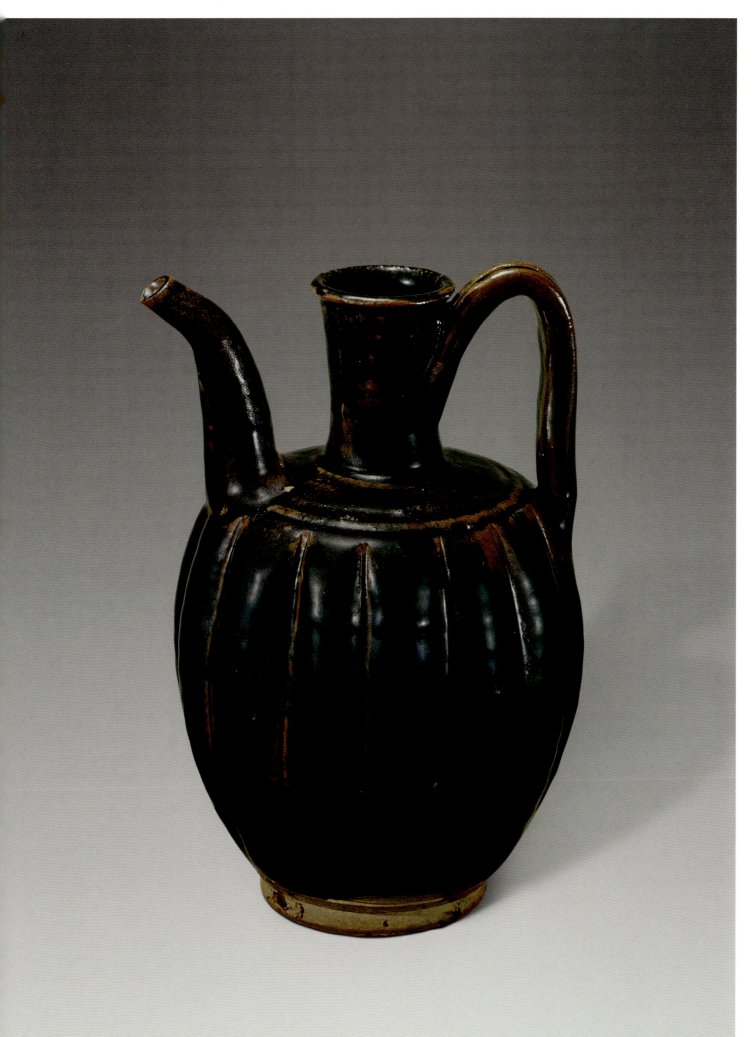

青白瓷折肩钵

北宋·景德镇窑

口径20.8、底径6、高8.3厘米

云水轩藏

折肩钵主要流行于北宋南方地区，同此式样者见于江西德安景祐四年（1037年）蔡清墓出土品等。此钵造型优美，器壁轻薄，釉色匀净素雅，为北宋青白瓷佳品。

青白瓷注碗

北宋·景德镇窑

碗口径18.1、底径9.3、高12.6厘米

壶口径4、底径7.4、高19.7厘米

通高22厘米

宝光艺术藏

"注碗"即注子与温碗的合称，为酒具。纪年墓出土的瓷注碗，最早见于陕西彬县后周显德五年（958年）冯晖墓。青白瓷注碗，则多见于北宋中晚期墓葬。

青白瓷台盏 [一对]

北宋·景德镇窑

托口径12、底径7.8、高6厘米，盏口径7.7、底径3.2、高5厘米

宝光艺术藏

酒台、盏均作花形，彼此呼应，酒台四周波浪形围挡，
似有曲水流觞之寓意。

青白瓷酒台

北宋·景德镇窑

口径16.9、底径12.7、高6.8厘米

许孟俊藏

该器仿自同时代金银器形制，采用模印工艺并辅以刻划
手法制成，模印及刻花精美，釉色青白淡雅，为青白瓷
之佳品。

青白瓷印花盏

北宋·景德镇窑
口径9.2、高6.2厘米
宝光艺术藏

该盏造型小巧，器壁轻薄，印花精美，釉色青白素雅，
颇有玩味。

黑釉油滴盏

北宋·建窑

口径16、高6.5、足径4.5厘米

王效宪藏

建窑黑釉茶盏中"油滴"者鲜见。此盏油色滋润，迎光视之，银灰色油滴微泛蓝光，犹如满天星斗，别具意趣。

黑釉兔毫盏

金

口径14、底径3.4、高4.6厘米

望野藏

该盏釉汁在高温垂流作用下，由上至下形成深浅不同、
过度自然的酱、黑两种釉色，其间隐现兔毫纹，堪称自
然天成之佳品。

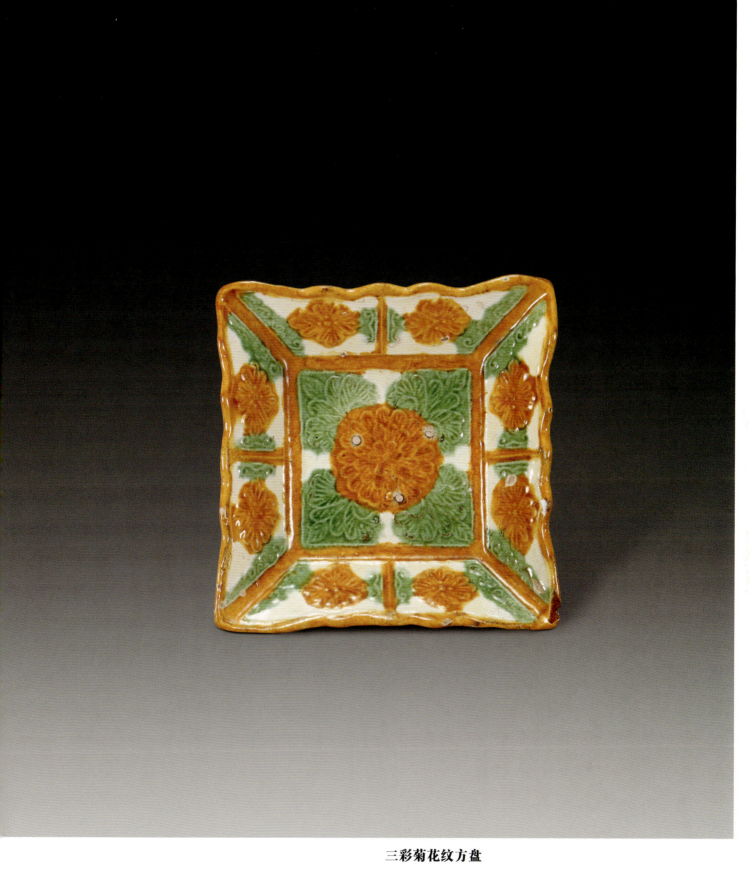

三彩菊花纹方盘

辽

口径16.6、底径9.9、高2.8厘米

云水轩藏

此盘造型、装饰均具契丹特点，特别是盘心模印菊花纹更能体现契丹民族特色。契丹族"贵日，每月朔日，东向拜日"，对太阳十分尊崇，故被称为"太阳契丹"。而菊花又称"太阳花"，为契丹人最喜爱的装饰题材之一。

绿釉葫芦形执壶

辽

口径2.6、底径9.3、高21.1厘米

宝光艺术藏

该壶形体优美，具辽瓷风格，但其执柄、双系式样与制法与习见辽瓷不同，较为难得。

红绿彩寒山拾得像

金

底座长16.6、高26.8厘米

望野藏

河南洛阳发掘出土一件金代三彩枕，上刻北曲小令《庆宣和》："寒山拾得那两个，风风磨磨，拍着手，当街笑呵呵，倒大来快活。"该尊塑像恰与曲中描述的寒山拾得形象大抵相合。该像或为迄今所知年代最早的寒山拾得雕塑遗存，是认识和研究我国民间神祇起源与演变的重要资料。

黄釉黑彩虎形枕

金

长39、高14.1厘米

望野藏

古人认为虎枕有"辟邪"、"示猛"之功。但该枕不像
普通虎枕专设枕面，而是随形而成，达到了实用与艺术
的完美统一。制作技法上，雕刻、彩绘并施，虎身黑色
条斑系剔刻后再施以黑彩；虎目圆睁，以绿彩点染，更
透出蓄势待发的威猛之气。在存世的金代虎枕中，该枕
工艺独特，弥足可珍。

黄釉黑彩虎形枕

金

底长37.3、底宽17、高9.6厘米

联珠雅集藏

据考古资料，此类虎枕在山西长治，河南修武、鹤壁等地均有烧造。从上海博物馆藏墨书"大定二年"虎枕来看，此类枕为金代流行产品。

三彩虎头枕

金

枕面宽25、高13.3厘米

次瓦斋藏

通常所见虎枕多为虎之全身造型，虎呈横卧状，像这件配以如意形枕面的虎头枕颇为鲜见。

青瓷鸭戏水纹碗

金·耀州窑

口径18.1、底径5.9、高7.3厘米

宝光艺术藏

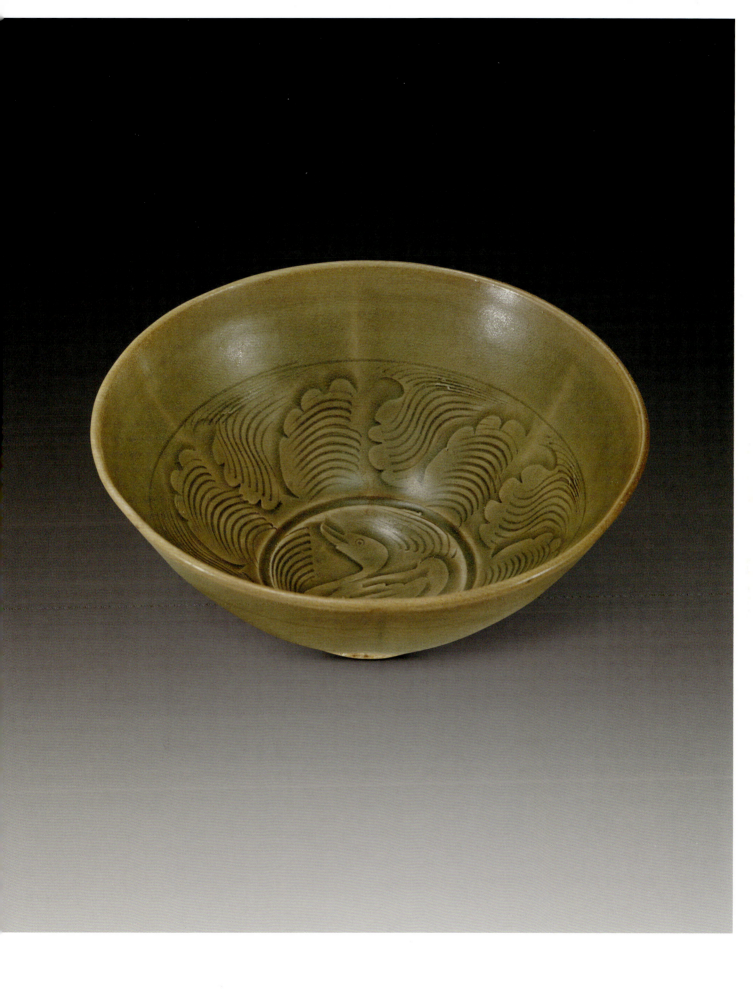

青瓷盏托

金·耀州窑
口径15.5、高2.4厘米
宝光艺术藏

该盏托中央托圈较小，口沿外翻，是专为安置尖底盏
（或圜底盏）而设计的。耀州窑窑址曾发掘出土此类盏
和盏托，但发掘者对两者配对使用的情况并不了解。另
见一耀州窑尖底盏残片，其上所刻水波纹与此盏相若，
几可配对（见附图）。此类水波纹耀州窑青瓷的流行年
代，从美国印第安纳波里博物馆藏墨书"大定壬午岁
置"耀州窑同类装饰青瓷碗来看，当在金大定前后。该
盏釉面青绿莹润，所刻水波、荷花灵动而富于变化，是
耀州窑青瓷中的精品，也是目前收藏品中少见的耀州窑
尖底盏盏托完器，颇为珍罕。

月白釉刻莲花纹折沿盘

金·耀州窑

口径16.5、底径11.1、高2.2厘米

宝光艺术藏

青瓷折沿盘

金·临汝窑
口径16.8、底径10.6、高2厘米
十里斋藏

该盘为我国已故著名古陶瓷学者陈万里先生旧藏。釉色青绿，釉面隐现细纹，折沿，浅腹，满釉支烧，圈足内分布圆点状支钉痕。原物残损，经拼对修补而成。盘口处系一标签，上题"宋临汝窑洗子"，为陈万里先生手书。与这件藏品相类的青瓷，今有"汝钧"之称。有专家认为，这个兼具钧、汝两类青瓷工艺特点的品种，可能是宋、金之际汝州等地民间窑场仿烧供御汝瓷的产物，它在发展衍变中带来一个新品种——钧瓷的问世。

白瓷印花鹭鸶图碗

金·霍州窑
口径7.2、底径2.8、高3.7厘米
次瓦斋藏

宋代托名周师旷的《禽经》里有"鸿仪鹭序"的记载，其注中又说"鹭，白鹭也，小不逾大，飞有次序，有百官缙绅之象"。宋金时陶瓷装饰鹭鸶题材流行，用其象征百官缙绅、禄位、高雅。霍州窑白瓷釉白、胎薄、质脆，以印花白瓷最具特色。该碗印花尤为清晰、生动，代表了霍州窑白瓷的制作水平。

白地黑花折枝牡丹纹枕

金·山西窑场

枕面宽22.9、高11.2厘米

韩昌晟藏

此腰圆形枕为金代山西地区流行式样，其上以简约、流畅的笔法所绘折枝牡丹纹，清秀雅致，极富美感。

白瓷绞釉玉壶春瓶

金/元·焦作地区窑场

口径5.8、底径5.7、高18.6厘米

望野藏

"绞釉"，又称"淋粉"或"绞化妆土"，因其"绞"的不是釉，而是釉下的化妆土。根据考古资料，"绞釉"出现于金代。金元时期，河南等北方窑场多有烧造。

黑釉出筋双系罐

金

口径18.9、底径9.7、高24.6厘米

云水轩藏

出筋，又称堆线，系采用沥粉技术而成。黑釉出筋瓷器
主要出自金元时期中原地区窑场。该罐形体硕大，釉色
漆黑，出筋挺拔，为此类瓷器中的佼佼者。

黑釉出筋执壶

金

口径2.1、底径5.4、高15厘米

宝光艺术藏

黑釉出筋罐

金

口径9.1、底径7.9、高14.6厘米

云水轩藏

该罐出筋三条一组，分布疏朗，较为少见。

黑釉剔刻缠枝花卉纹罐

辽·浑源窑

口径28、底径14.3、高37.2厘米

宝光艺术藏

该罐造型、装饰风格浑朴豪放，山西浑源窑遗址出有同类器形和装饰的标本。其曲折纹装饰带和肩部随意的细划花线是浑源窑典型的装饰手法。

黑釉油滴盏

金·山西窑场

口径10.7、底径3.6、高5.2厘米

云水轩藏

该盏内壁的"油滴"由小到大从口沿向碗心聚集，极富自然变化之妙。山西怀仁小峪窑遗址有此类标本出土。

白地黑花梅瓶

西夏

口径6.8、底径10.6、高35.2厘米

云水轩藏

该瓶大口修身，黑花装饰受中原影响而又有自己的风格，当是西夏瓷器的代表性产品。

青瓷鬲式炉

南宋·龙泉窑

口径11、高9.8厘米

云水轩藏

黑釉刻花卷草纹梅瓶

南宋·吉州窑

口径7.3、底径12、高34.4厘米

宝光艺术藏

该瓶造型端庄，体形硕大，腹部刻花模仿同时期漆器剔
犀工艺效果，别具一格，堪称吉州窑此类装饰中的代表
性产品。

白地黑花开光折枝花纹瓶

南宋 · 吉州窑
口径6.2、底径7.9、高18.5厘米
耕古斋藏

白地黑（褐）花系宋元吉州窑主要装饰手法，其与同时期北方磁州窑类型白地黑花装饰有关联。不过，在工艺技术及装饰题材等方面，两者又有明显不同。北方是在施有化妆土的器坯上绘画，吉州窑则直接在胎上绘画，图案一般也较北方的细致秀美；吉州窑喜用的开光奔鹿图案以及通体卷草、波浪、龟背锦等花纹，均不见或迥异于北方产品。

白地黑花水波纹长颈瓶

南宋 · 吉州窑
口径2.8、底径6、高19.8厘米
云水轩藏

该瓶造型纤秀，腹部所绘水波纹层层交错，极富动感。从宋画中得知，此式瓶最宜插梅，是宋代流行的花器。宋张道洽《瓶梅》一诗中"寒水一瓶春数枝，清香不减小溪时"，正是其时瓶花插梅风尚的真实写照。

青白瓷剔刻缠枝莲纹钵

南宋/元·景德镇窑

口径17.5、底径12.4、高20厘米

宝光艺术藏

青白瓷剔刻莲花纹花口瓶

南宋·景德镇窑

口径9.6、底径7.9、高24.7厘米

宝光艺术藏

相同制品见于四川遂宁南宋末至元初窖藏出土品。该器
釉色青白淡雅，腹部缠枝莲以深剔手法雕刻而成，装饰
效果突出，别具特色，为青白瓷同类装饰中的代表作。

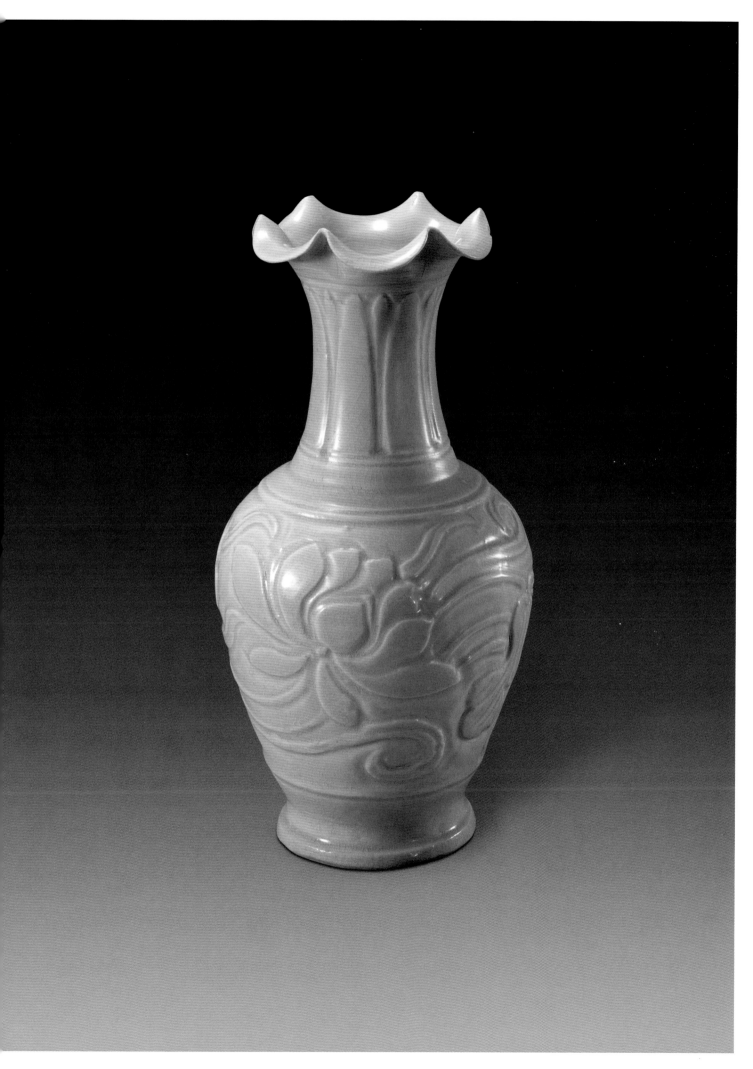

青白瓷褐彩十二生肖俑

南宋·景德镇窑

高20.1厘米

云水轩藏

此套十二生肖俑于青白莹润的釉面之上施以褐彩，人物
手中各持对应的生肖动物，情态各异，生动传神。其工
艺水平之高、保存之完好，在国内外收藏中鲜见。

青白瓷砚滴

南宋 · 景德镇窑

口径2.8、底径3.4、高7.5厘米

宝光艺术藏

该器造型仿自带温碗的注子，小器大样，秀巧可人，为文房佳器。

青白瓷褐彩堆雕龙虎瓶 [一对]

南宋 · 景德镇窑

口径8.4、底径7.4、通高41厘米

云水轩藏

该对龙虎瓶釉色青白淡雅，颈部各塑龙、虎一只，形象生动。腹部和龙、虎之上施以褐彩，增强了装饰性，为同类器中的上品。

青白瓷托盏 [一对]

南宋·景德镇窑

盏口径7.2、底径2.8、高3.7厘米

托口径10、高2.2厘米

通高6.1厘米

刘泽田藏

该对盏造型简洁秀雅，胎薄体轻，釉色青白、莹润如
玉，成对流传至今，较为难得。

青白瓷双螭耳托盏

南宋·景德镇窑

杯口径7.6、底径4.2、高8.6厘米

盘口径16.5、高2.8厘米

宝光艺术藏

该托盏釉面晶莹如玉，双螭为耳，螭头部施富含铁的釉浆，氧化后呈深褐色，更增加了表现力。

蓝釉紫斑立耳炉

元·钧窑
口径7、高9.6厘米
乐道堂藏

直板立耳炉是元代流行器式，山西元冯道真墓曾出土类
似钧瓷炉。该炉腹部的大片紫斑，浸润于天蓝釉面之
上，体现了元人特有的审美情趣。

天蓝釉紫斑折沿盘

元·钧窑

口径17.8、底径6.9、高3.4厘米

暂得轩藏

青瓷刻莲花纹玉壶春瓶

元·陕西窑场
口径7.2、底径8.7、高30.2厘米
云水轩藏

白地黑花狮纹诗句梅瓶

元至元十三年（1276年）·山西窑场
口径2.8、底径9.1、高35.5厘米
宝光艺术藏

该罐造型秀美，梯形口具鲜明山西特色，肩部奔狮描绘
生动，腹部书"春前有雨花开早　秋后无霜叶落迟　至元
十三年"。该瓶是此式梅瓶中目前仅见的一件纪年器，
为相关梅瓶的断代树立了明确标尺。

白地黑花双凤纹罐

元·磁州窑

口径25、底径21.4、高41.6厘米

宝光艺术藏

白地黑花折枝花纹玉壶春瓶

元·山西窑场

口径8.3、底径8.7、高40厘米

宝光艺术藏

该瓶造型清秀挺拔，形体之硕大，当为目前所见此类玉壶春瓶之冠。

黑釉酱彩条纹盏

元·山西窑场

口径17、底径7.5、高8.8厘米

云水轩藏

该盏造型敦厚，内壁漆黑的釉面之上均匀分布一周鲜艳的放射状酱彩条纹，颇具装饰效果。

黑釉酱彩玉壶春瓶

元·山西窑场

口径7.8、底径8.2、高27.6厘米

云水轩藏

该瓶为典型玉壶春器式，釉面漆黑，酱彩鲜明，具山西吕梁地区特色，特别是鸟形花装饰可说是山西元代瓷器的标志性纹样。

黑釉剔花卷草鱼纹玉壶春瓶

元·山西窑场

口径7.6、底径7.4、高28.4厘米

宝光艺术藏

该瓶造型端庄，剔花手法细腻，纹样规矩而不呆板，当为元代山西吕梁地区黑釉剔花瓷器的代表性产品。

黑釉剔花花卉纹罐

元/明·山西窑场

口径16.1、底径13、高40.5厘米

云水轩藏

该器剔花装饰，细致中透出洒脱与豪放。在存世的具有山西地方特色的同类器物中，体形如此硕大者并不多见。

茶叶末釉黑花鸟纹瓶

元·山西窑场
口径5.6、底径13、高32.9厘米
宝光艺术藏

这类小口、圆腹、双唇口的器物，多见于山西吕梁地区，当地俗称"嘟噜"。腹部鸟形花具有鲜明的山西地方特点。此类器物的年代以往多被误定为宋金时期，但从大英博物馆藏元"大德九年"铭嘟噜瓶来看，其当为元代流行产品。

黑釉刻花梅瓶

元·山西窑场
口径3.2、底径11.1、高41.8厘米
宝光艺术藏

此类长梯形口的梅瓶，多见于山西吕梁地区，腹部简略的剔花装饰也具吕梁地方特色。此类梅瓶，以往大多被认定为金代产品，但从本书前录的带有"至元十三年"铭白地黑花梅瓶来看，这类梅瓶流行年代当为元代。

绞胎碗

元代·山西窑场
口径16.1、底径6.1、高7.4厘米
云水轩藏

该碗以黑、白两色胎泥绞合而成，纹理自然、繁复、流利，代表了元代绞胎工艺的制作水平，是一件不可多得的绞胎佳器。

三彩龙纹立耳炉

元
口径18.1、高28.5厘米
望野藏

北京故宫博物院藏有一件"至大元年"铭三彩立耳炉，由此可知此类直板立耳炉为典型元代制品。该炉局部所施红彩，此为河南三彩地域特色。

青瓷刻花折枝花果纹罐

明初·龙泉窑
口径23.9、底径17.5、高23.8厘米
谭联扬藏

此类罐过去往往被误认为元代制品，直到2006年龙泉窑遗址的考古新发现，才证实其年代为明初。《大明会典》中关于"（洪武二十六年定）凡烧造供用器皿等物……行移饶、处等府烧造"的记载，也因窑址新发现而得以证实。该罐腹部折枝花果纹与景德镇明代永乐、宣德之际官窑青瓷瓷器上流行的纹饰特征一致，亦为其年代判定提供了重要的旁证。

青花牡丹狮子纹罐

明·云南窑场
口径16.5、底径17.6、高27.3厘米
宝光艺术藏

该罐胎釉均呈青灰，青花蓝中泛黑，具有典型云南青花瓷器特征。云南青花在云南玉溪、建水和禄丰等地墓葬、窑址均有发现。此类青花瓷器因其造型、装饰明显带有景德镇元代青花瓷器遗风，以往大多被认定为元或元末明初制品，但据考古资料和最新研究成果得知，云南青花的始烧年代不会早于明洪武年间甚至更晚。

青花折枝花纹炉

明　正统至景泰·景德镇窑
口径8.6、高10.2厘米
宝光艺术藏

　　炉身绘折枝花，与南京牛首山弘觉寺正统七年塔龙宫及景德镇竟成乡景泰四年严处士墓出土青花瓷器的绘画特点相同，故知该炉当为正统、景泰间产品。青花实笔描绘的技法和青花中带有黑色凝聚斑的现象，均为明前期青花瓷器普遍特征。在同期青花炉中带如意形耳者甚为罕见。

青花二仙图梅瓶

明　景泰至天顺·景德镇窑
口径4.5、底径10.1、高35.4厘米
宝光艺术藏

　　该梅瓶主题图案表现的是汉钟离度脱蓝采和的故事。图中神态怡然、右手指向前方的高士为汉钟离，另一作鞠躬状、面前置花篮者为蓝采和。画面构思精妙，人物形神兼备，笔法细腻，其随风飘动的帛带，灵芝形的云气纹，是景泰、天顺间青花瓷器特有的绘画风格。该瓶造型、釉色、绘画俱佳，为"空白期"景德镇民窑青花瓷器精品。

白瓷鼓钉纹炉

明 成化·景德镇窑

口径8.8、高8.1厘米

怀沙斋藏

该炉造型秀巧雅致，与江西临川成化十六年墓出土青花梵文三足炉相若，特别是两者足部工艺特点几近一致。其白釉温润如玉，亦符合成化瓷器特征。此炉为成化民窑同式白瓷炉中少见完器，较为珍贵。

青花鱼藻纹罐

明 景泰至天顺·景德镇窑

口径15.8、底径17、高29.2厘米

谭联扬藏

该罐主题图案绘鲭、鲌、鲤、鳜四种鱼,取其谐音寓意"清白廉洁"。所绘鱼儿栩栩如生，穿梭于漂浮灵动的水草间，甚为精妙。

青花三国故事图缸

明 天启·景德镇窑
口径22、底径13、高17.8厘米
怀沙斋藏

器物口沿不施釉是明末清初景德镇青花瓷器的工艺特点之
一。该缸腹部所绘人物、背景等与英国大英博物馆藏"天
启五年吴名冬香"铭青花刀马人物图炉的装饰特点一致，
是一件难得的天启青花瓷珍品，也是研究"转变期"瓷器
早期面貌的重要实物资料。画面表现的是三国故事"张辽
威震逍遥津"。持戟纵马追击者为张辽，挥鞭落荒而逃者
为孙权。孙权被描绘成胡人形象，正与《三国演义》中
"方颐大口，碧眼紫髯"的孙权形象相合。

青花孔雀牡丹纹绣墩

明 正德·景德镇窑
高35.5、面径21.5、底径20厘米
次瓦斋藏

青花绣墩最早见于正德年间，其特点是墩面呈弧状凸
起，墩面中心多为露胎模印或镂孔装饰，鼓钉较大，青
花色调蓝中泛灰。正德青花绣墩存世较少。

白地黑花人物图玉壶春瓶

明·耀州陈炉窑
口径6.7、底径7、高22.9厘米
宝光艺术藏

此类耀州窑白瓷黑花瓷器以往被误认为元代制品，但从近年陈炉窑遗址新发现的考古资料和研究成果来看，其年代当为明代。该瓶装饰虽稚拙、草率，但绘人物者在同类器物中鲜见，已属难得。

白地黑褐彩真武坐像

明·禹州窑
高19.1、底径11.7厘米
暂得斋藏

明代真武像传世较多，除陶瓷制品外，铜、木、石制品中均可见到，这可能与明成祖以来对真武的崇奉有关。成祖朱棣原为北方一藩王，意欲率兵夺取帝位，须借助北方大神真武为其出师正名，谋士姚广孝遂造作玄武助战神话，故成祖夺取帝位后，对真武崇奉有加，一直影响了有明一代。　该像塑造准确、生动，白地之上施以黑、褐两彩，其褐彩浓重鲜艳，具鲜明河南地方特色。

五彩麒麟送子图罐

清 康熙·景德镇窑
口径7.7、底径10.7、高20厘米
怀沙斋藏

麒麟送子是我国古代祈子法的一种。传说中麒麟是仁兽，是吉祥的象征，能为人们带来子嗣。王充在《论衡·定贤》中描述，孔子诞生之前，有麒麟吐玉书于其家院。这个典故就是"麒麟送子"的来源。该罐色彩艳丽，人物描绘生动，敷彩完全采用平涂手法，人物面部不做任何皴染，体现了康熙五彩绘画特点。从该罐已使用釉上蓝彩来看，其应为康熙晚期的产品。

豆青釉刻花牡丹纹棒槌瓶

清 康熙·景德镇窑
口径5.8、底径6.2、高19.4厘米
半句山人藏

棒槌瓶是康熙流行器形。该瓶釉面坚致，刻花犀利，为康熙豆青釉刻花装饰的典型产品。

青花红彩描金花卉纹盘 [一对]

清 康熙·景德镇窑
口径23、底径12.6、高2厘米
怀沙斋藏

宽平沿的浅盘是专为出口欧洲设计，但花蓝、折枝花图案仍具中国特色。矾红彩上描金的普遍使用系康熙彩瓷特色之一。

青花山水图缸

清 康熙·景德镇窑
口径22.7、底径11.2、高16.8厘米
半句山人藏

这种平折沿缸为康熙时期所特有；崇祯时期缸亦为平沿，但无折沿且口沿不施釉；雍正时期则开始流行唇沿缸。该缸腹部所绘山水的构图、技法明显受到"清初四王"山水画的影响。

青花麒麟送子图碗

清 康熙·景德镇窑
口径15.8、底径6、高7.3厘米
次瓦斋藏

清代瓷器上吉祥寓意图案流行，可谓"图必有意，意必
吉祥"。如碗心的麒麟送子图，实际上是民间祈麟送子
风俗的写照；碗外沿的一周寿字,寓意"寿与天齐"；内
口沿的一周八宝纹（又称八吉祥），与清代藏传佛教的
流行有关。

清 雍正·景德镇窑
口径15.6、底径9.9、高3.1厘米
刘尚军藏

该盘胎体坚白细润，成型规整，纹饰淡雅，透露出雍正
官窑斗彩瓷器特有的隽秀、玲珑之美。

斗彩花卉纹盘

清 雍正·景德镇窑
口径15.6、底径9.9、高3.1厘米
刘尚军藏

该盘胎体坚白细润，成型规整，纹饰淡雅，透露出雍正
官窑斗彩瓷器特有的隽秀、玲珑之美。

粉彩博古图盘

清 雍正·景德镇窑
口径23、底径12.7、高2.6厘米
怀沙斋藏

该盘装饰华美，欧洲造型与装饰中融合了一些中国元素，
如盘心的博古图及其周围彩饰中的缠枝莲、冰梅等。

粉彩花卉纹盘

清 雍正·景德镇窑
口径26.1、底径14.3、高2.7厘米
怀沙斋藏

宽折沿浅盘，盘沿装饰及描金边饰，均为迎合西方设
计。大面积胭脂红的使用，具典型雍正粉彩特点。

墨彩山水图盘

清 雍正·景德镇窑
口径19.5、底径12、高4.1厘米
怀沙斋藏

以纤细的墨彩线条表现山水等内容的瓷绘手法，始于雍正。该盘釉下暗刻精美花瓣，釉上墨彩勾勒山水轮廓，其间再皴染浅淡的绛、绿、蓝彩，给人以素雅、清秀之感。

青花花卉纹碗

清 雍正·景德镇窑
口径10.5、底径3.7、高3.8厘米
钟华藏

粉彩花卉纹笔筒

清 雍正·景德镇窑
口径9.6、底径9.8、高11.7厘米
钟华藏

雍正粉彩以大面积使用胭脂红（金红）为特色。该笔筒
上胭脂红的牡丹花衬于鲜嫩的绿叶之上，给人以华美、
富贵之感。

青花缠枝莲纹筒瓶

清 雍正·景德镇窑
口径5.5、底径7.3、高17.9厘米
怀沙斋藏

该瓶青花发色深沉略有晕散，局部有类似永宣青花的黑
褐凝聚斑，系人为加重笔触点染而成。筒瓶造型流行于
明末清初，雍正时已颇为罕见。

广彩人物图瓶、碗、盘

清 乾隆

瓶口径3.5、底径5.5、通高22.9厘米
盘口径13.5、底径8.3、高3厘米
碗口径8.8、底径4.4、高4.7厘米

怀沙斋藏

"广彩"是专供外销的瓷器品种，主要生产于清雍正、乾隆、嘉庆时期。其器坯（素胎）由景德镇烧制后运往广州彩绘，故称"广彩"。乾隆以来，广彩趋于浓艳，彩绘借鉴了西洋油画笔法，富有立体感。题材中西结合，既有西方人物、风景、徽记及商标图案，又有中国传统的花鸟、仕女等。这几件乾隆时期的广彩，突出体现了这一特点。

青花广彩人物图杯

清 乾隆
口径10.8、底径11、高13.4厘米
怀沙斋藏

该杯为典型欧洲式样，装饰也具西洋风格，但龙柄、人物形象仍具中国特色，可谓中西合璧。画面采用大量洋红、茄紫、粉绿等色，为乾隆广彩普遍特征。

广彩开光人物图大碗

清 乾隆
口径26、底径13、高11.6厘米
怀沙斋藏

广彩人物图菱口盘 [一对]

清 乾隆

口径23、底径12.5、高2.4厘米

怀沙斋藏

斗彩暗八仙纹斗笠碗

清 嘉庆·景德镇窑

口径20.1、底径10.2、高5.3厘米

许孟俊藏

青花海水龙纹盘

清 道光·景德镇窑

口径17.2、底径11.8、高3.9厘米

怀沙斋藏

黄地粉彩万寿无疆盘

清 光绪·景德镇窑
口径19、底径11.4、高3.5厘米
钟华藏

光绪十年、二十年、三十年，三次为慈禧五十、六十、
七十寿辰烧制瓷器，此盘即为慈禧祝寿定烧之器。

绞釉长颈瓶

清·北方窑场
口径4.4、底径7.3、高20.9厘米
耕古斋藏

绞釉最早出现于金代，金元流行。晚清民国时期虽仍有
生产，但已属流风余韵。此瓶绞釉如行云流水，造型及
工艺技法与金元制品一脉相承。

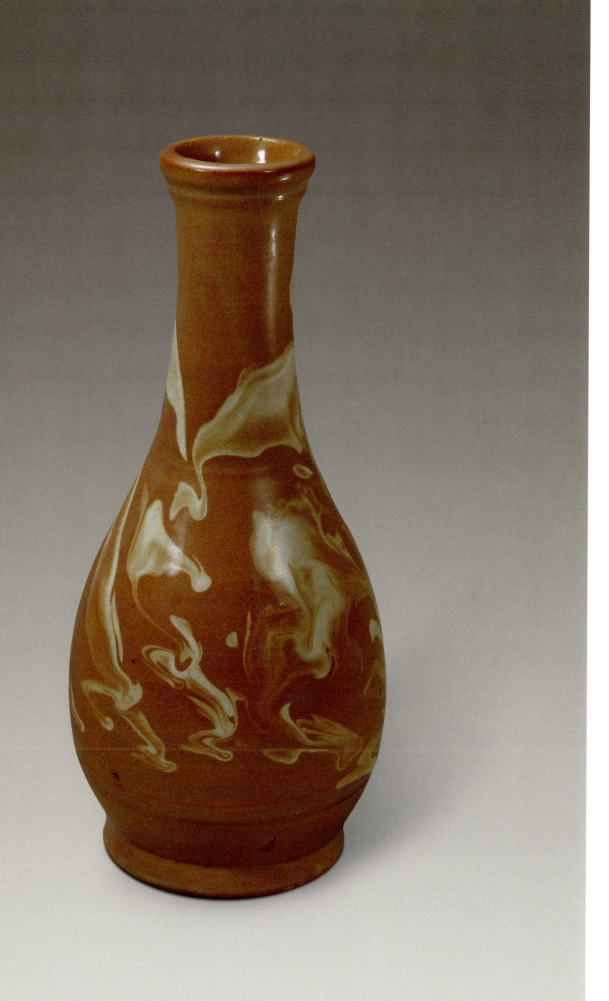

青铜杂项篇

青铜兽纹鼎

商

口径17.5、高21.8厘米

耕古斋藏

该鼎造型敦厚，花纹细密，体现了商晚期青铜器典型
风貌。

青铜兽面纹瓠

商

口径14.4、底径9.1、高24.9厘米

宝光艺术藏

该瓠造型秀美，繁密的兽面纹给人以强烈的神秘之感，
圈足内铸有标识器主的徽记，其义待考，属商晚期物。

青铜爵

商

高21.6厘米

半句山人藏

该爵伞形（也称帽形、菌形）柱，牺首环形鋬，圜底，三角刀形足外撇，均属商晚期爵典型特征。根据马承源先生的研究，爵柱是饗醴缩酒的装置。商代的酒有残渣，过滤后方能饮用，故爵柱是固定过滤网（囊）的装置。

青铜爵

商

高17.5厘米

半句山人藏

青铜兽面纹簋

商

口径13.2、底径10.8、高10厘米

宝光艺术藏

该簋器腹繁密、精美的兽面纹给人以神秘、狞厉之感，

圈足内亦铸精美龙纹，在商代同类青铜器中甚为罕见，

属商晚期物。

青铜兽面纹鼎

西周

口径17.6、高22.1厘米

半句山人藏

器腹兽面纹饰趋于简化，体量较轻薄，圆锥柱足也趋于
细长，属西周早期常见鼎式之一。

青铜兽面纹鼎

西周

口径17.6、高22.1厘米

半匋山人藏

鼎身呈宽体，垂腹而器壁倾斜，圆锥体柱足较细，属西周中期典型式样。

青铜蟠龙纹盖鼎

春秋

口径20、高22.6厘米

半匋山人藏

该鼎盖顶有三矩形钮，倒置可作盛盘使用。器腹饰以繁复、相互纠结的蟠龙纹，属春秋中晚期标志性装饰纹样。

青铜蟠龙纹盖鼎

春秋

口径21、高15.7厘米

半勺山人藏

该鼎装饰特点与前件鼎相同，只是器形略矮，亦属春秋
流行式样。

青铜蟠龙纹鼎

春秋

口径29.6、高21.8厘米

半匄山人藏

该鼎腹部密集交结的蟠龙纹是春秋晚期流行纹样。

青铜蟠龙纹盆

春秋

口径21.7、底径10.5、高15.3厘米

半句山人藏

该类器物定名不一，湖北随州鲢鱼嘴出土一件同类青铜器，盖内有铭文"郘子行自作飤盆永宝"，自名"盆"，可知此类器物定名"盆"为妥。

铜错金银漏匕

战国

长26厘米

半句山人藏

匕，挹取食物的匙子，考古发现其常与鼎、鬲同出。类似的漏匕见于曾侯乙墓出土的金器（与金鼎同出）。该铜匕除采用镂孔技法外，还加以细线纹的错金银技术，形制精美，做工考究，较为罕见。

铜鎏金神鸟踏蛇饰件

战国
高10厘米
宝光艺术藏

据《山海经·北山经第三》载："又北三百八十里曰嶽
山。……其鸟多寓，状如鼠而鸟翼，其音如羊，可以御
兵。"该神鸟特征正与《山海经》记载相合。从该饰件
中部的插孔来看，可能为军中旗杆顶部装饰，籍其发挥
御兵之功。

青铜龙柄提链壶

西汉
口径13.6、底径10、高41厘米
宝光艺术藏

青铜提链壶始于春秋晚期，战国至汉流行。该壶造型秀
美、装饰简练、便于携带，是汉代提链壶中的精品。

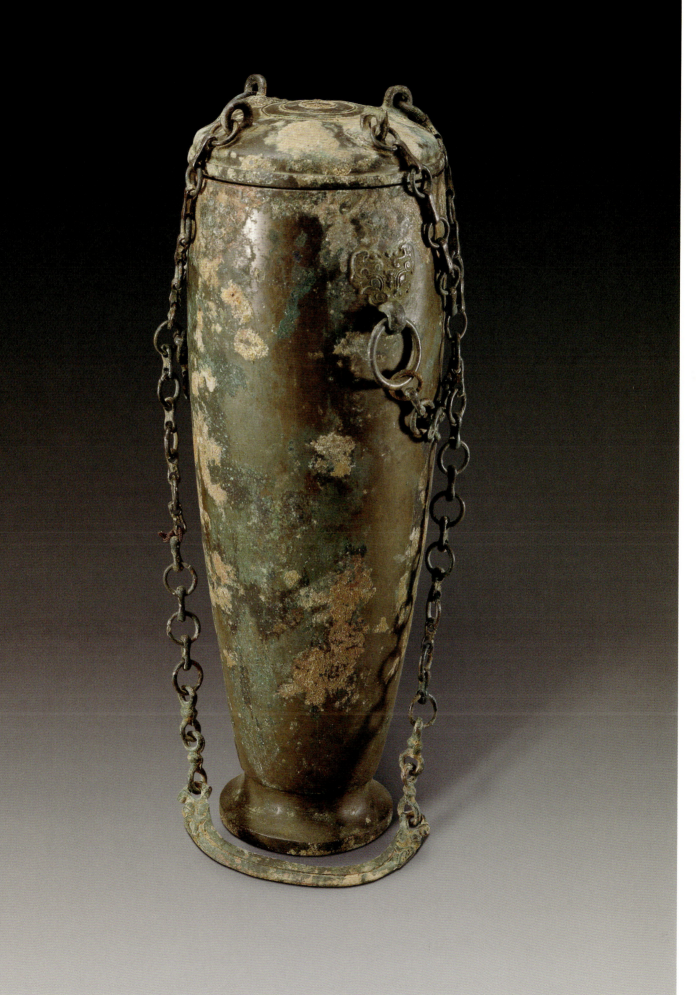

青铜双鱼纹鼓盆

汉

口径15.6、底径9.9、高3.1厘米

刘尚军藏

该盆兼盥洗与奏乐双重用途。内底饰双鱼纹，外底鼓面饰太阳纹，具南方青铜文化特征。在两汉铜器中，此类鼓盆相当少见。

青铜套杯

汉

口径12、高6.3厘米

宝光艺术藏

该套杯由8个大小有序的杯子套叠组成，是为便于出行设
计，杯内的朱漆依然保存较为完好，是不可多得的汉代
生活器具。

青铜提梁壶

唐

口径11.8、底径9.1、高21.5厘米

耕古斋藏

该壶"水银古"外表光洁如新，饱满之形折射出盛唐风采，为该时代铜器中少见珍品。"水银古"多出土于干燥环境中，表面未受太多侵蚀，故能光洁如新。

青铜鎏金犀牛望月镜架

宋／元

长25.5、高13.6厘米

青朴斋藏

"犀牛望月"成语出自《关尹子·五鉴》："譬如犀牛望月，月形入角，特因识生，始有月形，而彼真月，初不在角。"后世以此喻所见片面。该镜架以犀牛望月为形，似有戒训之意，颇具匠心。英国维多利亚及阿尔波特博物馆藏有相同制品。

青铜星云连弧镜

西汉

直径15.8厘米

青峰泉藏

星云连弧镜流行于西汉。该镜内区的乳丁及连接曲线颇似星象图，故称其为"星云纹"。

青铜神兽铭文镜

东汉

直径22.8厘米

青峰泉藏

七乳四神镜属东汉前期流行式样，广东韶关东汉前期墓有相同铜镜出土。该镜镜缘装饰一周禽鸟纹，较为独特。

青铜贴金银博局镜

东汉

直径10.4厘米

青峰泉藏

博局镜最早见于西汉中期，新莽以后流行，东汉后期衰落。该镜博局纹及地纹已趋简化，当属东汉后期产品，镜上贴金银工艺在此类镜中少见。

青铜神人瑞兽镜

东汉

直径13.5厘米

青峰泉藏

该镜采用高浮雕和细线结合的表现手法，纹饰细密精美，极富神秘色彩，是东汉中期后出现的新特点。八枚凹面环乳纹区间表现的是东王公、西王母等内容，属东汉末及三国时流行题材，该类镜式多见于浙江绍兴一带。

青铜神人龙虎铭文镜

东汉

直径14.3厘米

青峰泉藏

该镜采用高浮雕技法，其上龙虎对峙纹、高凸镜钮、短斜线与锯齿纹等，均属东汉晚期铜镜特征。

青铜羽人骑龙虎纹镜

东汉

直径19.9厘米

青峰泉藏

该镜高凸的镜钮、高浮雕的纹饰以及羽人骑龙虎的题材均属东汉铜镜特色，镜缘饰一圈复线卷草纹，为绍兴镜特点。

青铜重列神人镜

东汉

直径12.2厘米

青峰泉藏

该类重列神人镜为东汉晚期流行式样，镜钮高大而扁平，是此时出现的新特点，鄂州出土有东汉"建安十年"纪年铭文同类制品。神人从上而下列五段，左右为青龙、白虎。神人、瑞兽采用高浮雕技法，上配以细线纹，充满神秘气息。

青铜尚方神人车马镜

东汉

直径23.5厘米

青峰泉藏

神人车马镜多表现东王公、西王母及其出行车马等神话题材，属东汉末及三国绍兴地区流行镜式。该镜采用高浮雕技法，纹饰精美，尺寸大，属同类镜中的珍品。

青铜神兽镜

东汉至六朝

直径13.5厘米

青峰泉藏

该镜纹饰属神人瑞兽题材，高浮雕技法，半圆方枚，镜钮扁大，都属东汉末至六朝铜镜的普遍特点，给人以神秘厚重感。

青铜邹氏神人龙虎镜

东汉至六朝

直径12厘米

青峰泉藏

该镜主纹为高浮雕龙虎，其下端为东王公、西王母，此类题材的流行与汉以来世俗崇信道教有关。

青铜五瑞兽铭文镜

隋

直径11.5厘米

半句山人藏

该镜近边缘一周为"光流素月，质禀玄精……"赞赏青铜镜质量精美的诗文，这种诗文为四言骈体诗，是隋镜一大特点。隋镜中外观呈"水银古"者多见，如此精美的"黑漆古"少见。据科学研究的结果，"黑漆古"是铜镜在埋葬环境下经腐蚀作用，发生氧化-络合-凝胶析出及脱水等一系列化学变化形成的。

青铜四神十二生肖镜

隋

直径17.7厘米

青峰泉藏

该镜以青龙、白虎、朱雀、玄武四神为主纹，外饰一圈十二生肖，属隋代流行样式。陕西西安隋大业四年（608年）墓出土一件相类的十二生肖镜。

青铜五瑞兽铭文镜

隋

直径14.9厘米

半句山人藏

该镜"水银古"有种特殊的金属光泽且尤为光亮，为隋镜所特有。镜近边缘处一周装饰当时流行的四言骈体诗，意在赞美铜镜。

青铜宝相花菱花镜

唐

直径13厘米

青峰泉藏

该镜菱花形、兽钮为唐镜特色。镜体的主纹宝相花共四瓣，构图巧妙，工艺精湛，有旋动的韵律美，其在唐镜上的流行与佛教的兴盛有关。

青铜狻猊葡萄镜

唐

直径13.9厘米

青峰泉藏

该镜采用高浮雕技法，工艺精湛，"水银古"镜体光洁
如新，特别是葡萄纹枝蔓铺地漫过内、外两区，俗称
"过梁海兽"，属唐代海兽葡萄镜中精品。

青铜狻猊葡萄镜

唐

直径14.8厘米

青峰泉藏

与上件狻猊葡萄镜不同，该镜表面为黑漆古，这与两者
不同的埋藏环境有关。"水银古"大多出土于干燥的环
境，表面没有受到太多侵蚀，故能光洁如新。"黑漆
古"是铜镜在潮湿埋葬环境下经腐蚀作用，发生化学变
化形成的。

青铜狻猊葡萄方镜

唐

直径9.1厘米

半匀山人藏

狻猊葡萄纹是唐代铜镜最为流行的纹样之一，其应是受了东罗马金银器同类纹饰的影响，体现了唐代对外来文化的广采博收，日本学界将狻猊葡萄纹镜称为"凝结欧亚大陆文明之镜"。方形海兽葡萄镜遗存较少，弥足珍贵，日本正仓院有藏。

青铜月宫菱花镜

唐

直径19.1厘米

青峰泉藏

月宫图为唐镜流行题材。镜以月宫图为饰，意喻镜如明月之洁。该镜制作考究，月宫中的嫦娥、玉兔清晰生动，"水银古"至今光可鉴人，属唐镜佳作。

青铜双鸾双兽菱花镜

唐

直径16.1厘米

青峰泉藏

该镜的菱花形、厚镜体、鸾鸟、瑞兽、兽钮等均体现出唐镜特点。其"水银古"的表面光鉴照人，半浮雕的鸾鸟、瑞兽动感十足，属唐镜佳作。

青铜真子飞霜葵花镜

唐

直径16厘米

青峰泉藏

此类镜有铸"真子飞霜"铭文。关于真子飞霜之意，说法不一。多数人认为"真子"意为修身炼性之人，"飞霜"则是一种古琴曲调名，即十二操之一的履霜操的别称。也有人将真子与曲调名飞霜联系，认为真子飞霜表现的是伯牙奏琴的故事。

青铜鸾鸟鸳鸯葵花镜

唐

直径15.7厘米

青峰泉藏

八瓣葵花镜是唐镜典型式样之一，鸳鸯是美好爱情的象征，而鸾鸟之绶带乃印之系，代表官秩禄位，鸾鸟衔之象征吉祥与富贵，因而颇得唐人钟爱。

青铜蟠龙葵花镜

唐

直径19.7厘米

青峰泉藏

蟠龙葵花镜是唐镜流行式样。该镜装饰采用浅浮雕技法，龙形张牙舞爪，挺胸凸肚，龙体硕壮，尾缠后腿，灵动有神，配以祥云数朵，有盘旋飞跃之势。

青铜秘戏镜

宋金

直径8厘米

青峰泉藏

秘戏镜又称"春宫镜"，因镜背铸男女交合图案故名。该镜主纹区分七个部分雕饰男女交媾，七瓣莲花钮座与镜内沿一周联珠纹均带有显著的宋金铜镜特色。此类铜镜多用于教育新婚青年男女，可说是形象、生动的性教育工具，存世量较少。

青铜剑

战国

长43.6厘米

半句山人藏

该剑属标准吴越式，特点是宽格、圆茎实心、有箍，剑格、剑箍上铸有繁缛纹饰并有嵌错工艺，剑首有薄如纸张的同心圆凸棱。此类剑至少二次分铸才能完成，其具体做法是先铸剑身与剑首，然后再合铸，故剑柄上往往有合铸时的铸口痕。

青铜繁阳剑

战国

长59.3厘米

宝光艺术藏

剑身刻有"繁阳之金"四字铭文，"繁阳"屡见于金文，是南方著名产铜区，在今河南新蔡县北（一说今安徽铜陵一带）。1974年河南洛阳凯旋路曾出土一件"繁阳之金"铭文剑，但形制与此剑相异。

青铜矛

东周

长15.5厘米

半句山人藏

该矛制作精美，血槽及骹正面均铸精细纹样，骹口呈弧形，其正面有一小系。该类带血槽形制的矛主要流行于春秋晚期至战国早期的吴越地区。

铜鎏金释迦牟尼坐像

明

底宽16.3、高24.7厘米

艺之林藏

该像正中释迦牟尼端坐于莲花宝台上，左右两侧为文殊和普贤，合称"华严三圣"。造像配以华丽的背光、精致的须弥座，体现了典型藏传佛教造像风格，属明代中期偏早作品。

铜鎏金白度母坐像

明

底宽11.2、高17.5厘米

艺之林藏

白度母造像面目慈祥，神态安然，腰肢纤细，姿态优美呈"S"形，给人以女性柔媚之感，有克什米尔造像艺术遗风。白度母面生三目，另于两掌心及两足心各生一目，合有七目，亦称"七眼佛母"。

铜鎏金释迦牟尼坐像

明

底宽8.2、高12.3厘米

艺之林藏

该像体态端庄，面部丰满，眼睑低垂，表情静柔而略含笑意，为明代中期制品。莲座上莲瓣秀美舒展，尚存明永乐、宣德遗风。

金刚铃、杵

清

金刚铃高18.8、底径9.4厘米

金刚杵长13厘米

艺之林藏

金刚杵为常见的五股形制，金刚铃柄首亦为五股金刚杵形，又称"五生牯铃"，两者都是密宗行者必备的法器，铸造精致考究。

石质双鱼纹盖盒

宋

口径9.5、底径9、高2.8厘米

宝光艺术藏

唐代始，以鱼为符瑞，故此后双鱼连体的形象逐渐多见。此盒周壁自上而下斜收，为宋代盒、砚等制品常见的工艺特征。

金砂石灵芝形笔架

明

长17.9、宽5、高8.5厘米

望野藏

古人以为屋中有灵芝是家庭美满和顺之象，此笔架以灵芝为形，既有实用功能，又寄寓美好愿望，设计匠心独运。

象牙雕女官立像

明

高19.7厘米

吴东辉藏

该像以象牙尖雕成，刀法简练，准确地表现了女官柔美、文静的气质，是明代牙雕人物中不可多得的精品。

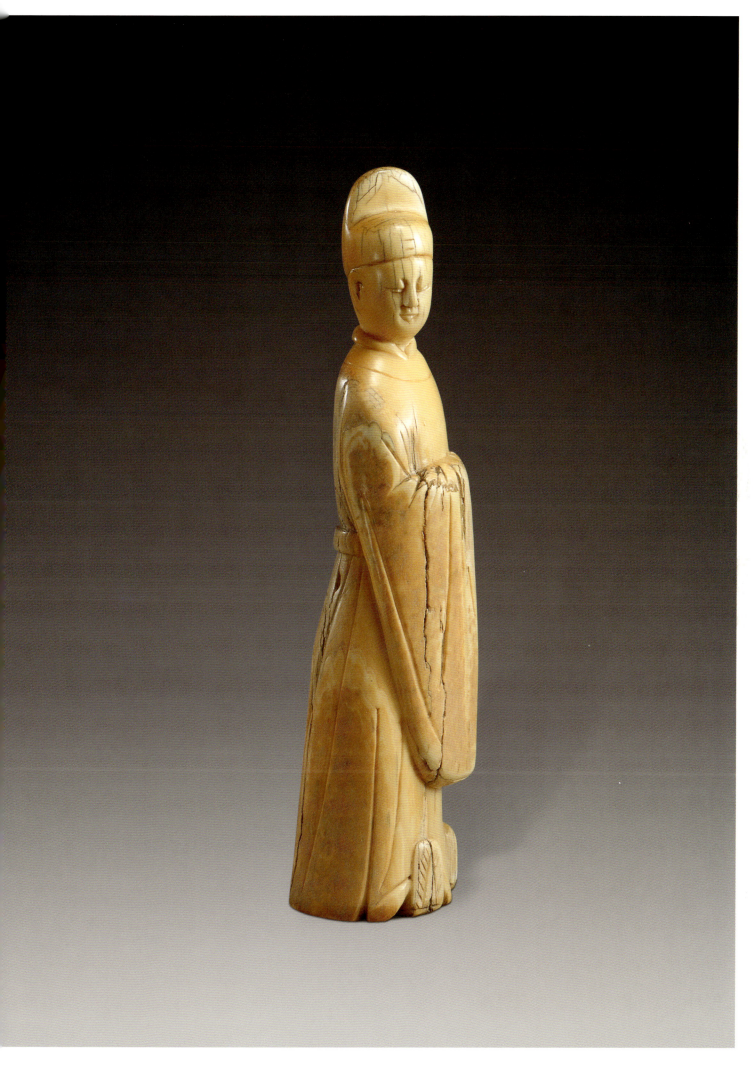

黄花梨提盒

明

长36、宽20.3、通高23.1厘米

十里斋藏

据明代高濂《遵生八笺》卷十五《论文房器具》"文具
匣"条载："匣制三格，有四格者，用提架总藏器具。
非为美观，不必镶嵌雕刻求奇，花梨木为之足矣。"可
知该类提盒乃为文人存放笔墨印砚等文具设计。该盒结
构合理，线条简洁，木纹肌理自然美观，分层加盖设计
便于取拿，体现了晚明文人的审美情趣。

三镶锡包紫砂壶

清 道光九年（1829年）
口径4.8、通高9.8厘米
宝光艺术藏

此壶以紫砂为内胆，外包一层锡制成，故名"锡包紫砂壶"。又因壶把、盖项和壶口三处镶嵌玉石，又有"三镶壶"之称。壶内底戳印"杨彭年制"篆书印。杨彭年是嘉庆、道光时的制壶名家。壶身一侧镌刻花鸟，另一侧书"一瓯明月清风暖，四壁烁声夜雨寒。伯臣大兄正。己丑十月步朗作于紫来阁"，字体中透出浓浓的书卷之气。此壶在融入文人雅士创作构思的同时，也揉进了他们的情趣、品格和书法艺术,可说是紫砂茗壶由过去单纯的工匠所为发展到文人雅士直接参与设计制作阶段的代表作。此类锡包壶存世数量较为稀少，香港茶具文物馆藏有一把"仿碑刻方壶"，诗文亦为步朗所作。

竹雕放鹤图笔筒

清

口径6.8、底径9.5、高14厘米

抱朴藏

宋阮阅《诗话总龟·隐逸》载："林逋隐于武林之西湖，不娶，无子。所居多植梅畜鹤，泛舟湖中，客至则放鹤致之，因谓'梅妻鹤子'云。"该笔筒雕刻表现的正是这一典故。

擦擦一组

明

宽6.5～8.6、高8～11.5厘米

艺之林藏

该组擦擦富有藏族特色。尖拱形度母擦擦属后藏地区制品，方形不动佛属前藏地区制品，尖拱形大威德金刚擦擦属阿里地区制品。

白度母与绿度母　宽6.5、高11.5厘米

大威德金刚　宽6.5、高8厘米

金刚不动佛　宽8.6、高8.6厘米

释迦牟尼成道像　直径8厘米

观音菩萨　宽3.5、高6.2厘米

擦擦一组

12世纪前后
宽3.5～7、高6～8.2厘米
艺之林藏

这组擦擦属12世纪前后西藏阿里地区制品，造型均为椭圆形，单面模印，工艺简单粗放，以兼收并蓄外来造像风格为特征，明显具有印度斯瓦特、克什米尔、吉尔吉特风格的影响。

聚莲塔　宽7、高 8.2厘米　　　　　　　金刚手　宽5.5、高7.5厘米　　　　　　文殊菩萨　宽5.8、高6厘米

释迦牟尼药擦

清

宽23、高30、厚8厘米

艺之林藏

药擦是以多种名贵藏药为原料，依藏药工艺流程、宗教仪轨精炼压制成形的擦擦。该药擦主尊佛端庄慈祥，作降魔成道相。佛背光上方及两则模印精美飞天、魔羯、骑马人物、狮、象等，制作工艺精湛，是少见的大型药擦精品。

大威德金刚药擦

清

宽15、高22、厚8厘米

艺之林藏

大威德金刚亦称"牛头明王"，藏密视为文殊菩萨的愤怒相，是格鲁派主修护法神。该金刚形象狰狞可怖，九头、三十四手、十六足，手持各类法器，身披骷髅，怀抱明妃，藏密以此表"悲智双运"。该药擦为尖拱形，采用高浮雕技法，具有浓厚的西藏本土艺术特色。

书画唐卡篇

赵帆·孔林展敬图

清·绢本设色
长154、宽36厘米
龙兆旗藏

赵帆，清中后期画家，初名蕃，字兰舟，浙江兰溪人，
工人物及花卉，山水苍润，施以浅绛，极似黄公望。该
作苍润秀丽，设色典雅，具清代中后期山水画风貌。上
题"孔林展敬图"意即孔庙拜祭图。该画系赵帆为江苏
巡抚兼两江总督陶澍所作。

张鸣 · 人物图立轴

清 嘉庆 · 纸本设色
纵113、横60厘米
吴冬辉藏

张鸣，字鹤衢，江苏金坛人，善画山水、人物。该画所绘
人物不拘古法，意态舒畅，用笔挥洒自如，神韵天然，颇
有南宋梁楷"减笔画"遗风，为张氏人物画代表作。

王炳 · 山水图轴

清 · 纸本设色
纵77、横29厘米
陈少龙藏

王炳，雍乾时人，字春晖，浙江山阴人，工山水，师从
娄东画派名家张宗苍，供职于乾隆宫廷画院。该作品表
现秋雨后的山色，设色淋漓，苍润中兼具幽雅。画作左
上题记录清初文学家褚人获《秋兴》诗一首。

庭院伎乐图卷

清·绢本设色
长173、宽41厘米
龙兆旗藏

该卷尾有"仇英实父制"款，为清代前期仿仇英之作，
俗称"苏州片"。"苏州片"为明末到清中叶苏州一带制
造伪书画作品的俗称，主要伪造的是唐宋及明代名家绢
本青绿重色细致的山水和人物画，属特定文化背景下产
生的地区性书画伪作。"苏州片"大都仿有所据，虽系
伪作，但总体而言制作水平较其他地区为高。该卷在力
求气息时笔法有些虚弱无力，稍乏灵动感。

青绿山水卷

清·绢本设色

长208、宽32.5厘米

袁冬喜藏

该卷尾有"昭道"款，略显呆板而稍乏韵致，为清代前
期仿唐李昭道画作，与前180号仿仇英庭院伎乐图同属
"苏州片"。

汪浦·山水人物四屏

清·纸本设色
纵118、横31厘米
陈少龙藏

汪浦，字玉宾，原籍江苏扬州，流寓番禺（今广州），
工人物、仕女，布景亦雅秀。该四幅山水人物画分别表
现春、夏、秋、冬四季情趣，风格秀润。

高野侯·梅花图立轴

近代·纸本设色

纵116、横36厘米

陈少龙藏

高野侯（1878-1952年），字时显，号欣木，可庵，浙江杭县人。光绪时中举，官至内阁中书，辛亥革命后筹划中华书局，任常务董事、美术部主任。精鉴定，富收藏，善画梅花，兼工书法篆刻，尝谓"画到梅花不让人"。该幅梅花离合参差有致，千花万蕾，绿梅与红梅交相辉映，繁而不乱，别有情趣。

高剑父·松鹤图立轴

近代·纸本设色

纵128.6、横66.8厘米

抱朴斋藏

高剑父（1879-1951年），名仑，剑父乃其字，广东番禺人。曾得到法国画家麦拉指导，学习西画，后东渡日本，考入东京美术学院。高氏大胆融合中国传统技法和西洋画法，绘画追求透视、明暗、光线、气候、空间的表现，尤重色彩渲染，形成自己独特风貌，开创岭南画派。该作笔法细腻、老辣，将虬曲的苍松和回首亭立的仙鹤表现得真实、生动，可谓高氏佳作。

傅抱石·洗手图

现代·纸本设色
宝光艺术藏

傅抱石（1904－1965年），原名长生、瑞麟，号抱石斋主人，江西新余人。该画创作于1942年，钤有"抱石入蜀后作"朱文方印，是傅抱石20世纪40年代在重庆创作的重要作品。画中描绘的是一则名士典故：东晋桓玄与顾恺之、羊欣是知交，性嗜书画，每有宾客来观赏书画时必令先洗手。画面左下角有傅抱石五行楷书题记；左上角有郭沫若篆书题"洗手图"三字，并署"郭沫若题"。该幅作品人物用笔洗练，气韵生动，专家认为，它标志着傅抱石人物画艺术已臻成熟，因此具有相当重要的艺术史料价值。

張彥遠云昔桓元愛重圖書每示賓客：有非好事者正資寒具以手把書畫大點污元阮惜物時自後每出法書輒令洗手此吾圖書畫錄玩奚上可念之一端壬午酷暑漫傳斯圖斗室流汗二日而就緬視此性貪好奇之桓大司馬果終不為人所諒也六月初二日午重慶金剛坡山齋新喻傅抱石

刘奎龄 · 鱼乐图成扇

现代 · 纸本

宽48厘米

十里斋藏

刘奎龄（1885－1967年），字耀辰，号蝶隐，天津静海人，现代著名画家，擅长动物与草虫，尤以狮虎见长，并将西洋绘画的色彩、透视比例融合于中国传统工笔画中，在中国近代画坛独树一帜。该作画面虽小，但纤细逼真，神态自然，颇能体现刘氏动物画的特点。扇背面为韩文祥蝇头小楷书苏轼《方山子传》，笔迹清秀工整，颇见功力。

横塘消夏

一九七五年作题于画润之长安于渭之滨色亚蓂[印]

方济众·横塘消夏图

现代·纸本设色
长271、宽33.5厘米
水草居藏

方济众（1923-1987年），笔名雪农，陕西勉县人，长安画派代表画家之一，曾任陕西国画院院长，书画兼善。该作将现实生产生活导入诗情画意的田园艺术中，使传统山水画变化为以现实生活形象为特征的朴素、亲切的田园风景，颇能体现方济众山水画特点。

張彥遠叙云昔桓元溟重圖書每示賓客，有非好事者正資寒具以手把書畫火點汙元阮惜稍時自後每出法書輒令洗手此善圖畫宜置玩矣上可念之一幱士午酷暑漫傳斯圖斗室流汗二日而就邃祖此性貪好奇之桓大司馬景終不為人所謂也六月初一日于重慶金剛坡山齊新喻傅抱石

刘奎龄 · 鱼乐图成扇

现代 · 纸本

宽48厘米

十里斋藏

刘奎龄（1885-1967年），字耀辰，号蝶隐，天津静海人，现代著名画家，擅长动物与草虫，尤以狮虎见长，并将西洋绘画的色彩、透视比例融合于中国传统工笔画中，在中国近代画坛独树一帜。该作画面虽小，但纤细逼真，神态自然，颇能体现刘氏动物画的特点。扇背面为韩文祥蝇头小楷书苏轼《方山子传》，笔迹清秀工整，颇见功力。

杨岘·临《曹全碑》十二屏

清·纸本

纵173、横47厘米

林俊生藏

杨岘（1819－1896年），字见山，号庸斋，浙江湖州人。咸丰五年（1855年）中举，曾入曾国藩、李鸿章幕府，官至常州、松江知府。杨岘精研隶书，于汉碑无所不窥，名重一时。国画大师吴昌硕曾拜杨岘为师，从其学艺。该作气势恢弘，瘦劲矫健又疏中求密，用笔爽畅且墨色多变，系杨岘隶书的代表作。

君高父敏举孝廉武威长史巴郡朐忍令

张掖史夏阳令蜀郡西部都尉丞右扶风隃麋侯相金城西

部都尉北地太守父琫少贯名州郡不拏

早世不综贤孝之性植生岭心收养季

纬母供事继母先意承志孝此之敬礼无

杨岘 · 临《曹全碑》十二屏

清 · 纸本
纵173、横47厘米
林俊生藏

杨岘（1819-1896年），字见山，号庸斋，浙江湖州人。咸丰五年（1855年）中举，曾入曾国藩、李鸿章幕府，官至常州、松江知府。杨岘精研隶书，于汉碑无所不窥，名重一时。国画大师吴昌硕曾拜杨岘为师，从其学艺。该作气势恢弘，瘦劲矫健又疏中求密，用笔爽畅且墨色多变，系杨岘隶书的代表作。

遺闕是以邨人為之謠曰重親致歡讐景
完易世載德丞隙其名及其從政清擬夷
齊史魚歷郡君職上計掾史仍辟涼州常
為治中別駕紀綱蠻里朱紫不誣出典諸

郡彈枉糾邪貪暴洗心同僚服德遠近憚
臧建宏二年舉孝廉除郎中拜西域戊部
司馬時疏勒國王和德殺父慕位不供職
貢君興師征討有兗膿之仁分臠之惠攻

城聖戰謀若涌泉威年諸賁和德面縛歸
死還陣振旅諸國禮遺且二百萬悉以薄
官遷者扶風槐里令遺同產弟憂棄官續
遷禁囚潛隱家巷七年先和六年復舉孝

廉七年三月除部郎中拜酒泉祿福長賊
張角起于幽冀瑗豫荊楊同時並動而民
縣郭家等復造逆亂燔燒城寺萬民驕擾
之裏不安三郡告急羽檄仍至于時聖主擾

諮諏羣僚咸曰君我轉拜郿陽令乃合餘

英夷殘迸絕其本框遂訪故老商量傳文

王敬王畢等臨民之要孝慰高年撫育鱞

烹以家錢糴米粟賜瘴盲大女桃斐等合

七首藥神明膏親至離亭部吏王宰程橫

等懸與有疾者咸蒙瘳悁惠政之流甚怜

置郿百姓緝負反者如雲戢治廬屋市肆

列陳風雨時節歲獲豐年農夫織婦百工

戴惡縣前以河平元年遣白革若水災害
追於成災之間興造城郭是後奮娃及脩
身之士官位不登君乃閔縉紳之徒不濟
開南寺門奉望峯嶽鄉明而治庶使學者

李儒樂規程寅等各獲人爵之報廓廣聽
事官舍廷曹廊閣升降揖讓朝觀之階費
不出民役不干時門下掾王敞錄事掾王
畢主薄王庭乃曹掾秦尚功史王顥等嘉

慕羹斯考甫之美乃共刊石紀功其辭曰

藝明后德義章貢王庭征鬼方威布列安

殊芜還陟臨槐里感孔懷赴庭紀嗟遑

賊燔城市特受命埋殘妃芺不臣宓黔首

緒官寺開南門闕嵯峨望岑山鄉明治惠

治涯吏樂政民給足君高升極鼎足中平

二年十月兩辰造

谷翁觀察大人屬　　　書曹全碑　楊峴

李文田·楷书字对

清·纸本
纵131、横34厘米
林少彬藏

李文田（1834—1895年），字畲光，号若农，广东顺德人，清代著名的蒙古史研究专家和碑学名家。咸丰九年（1859年）探花，官至礼部侍郎。李氏学问渊博，金石碑帖书籍版本之源流皆得其要，书宗北魏，而畅流于隋碑，所临唐碑，亦以隋碑笔意出之，该字对系赠书坛名家张裕钊之作，由该此亦可窥见其受碑学影响甚深。

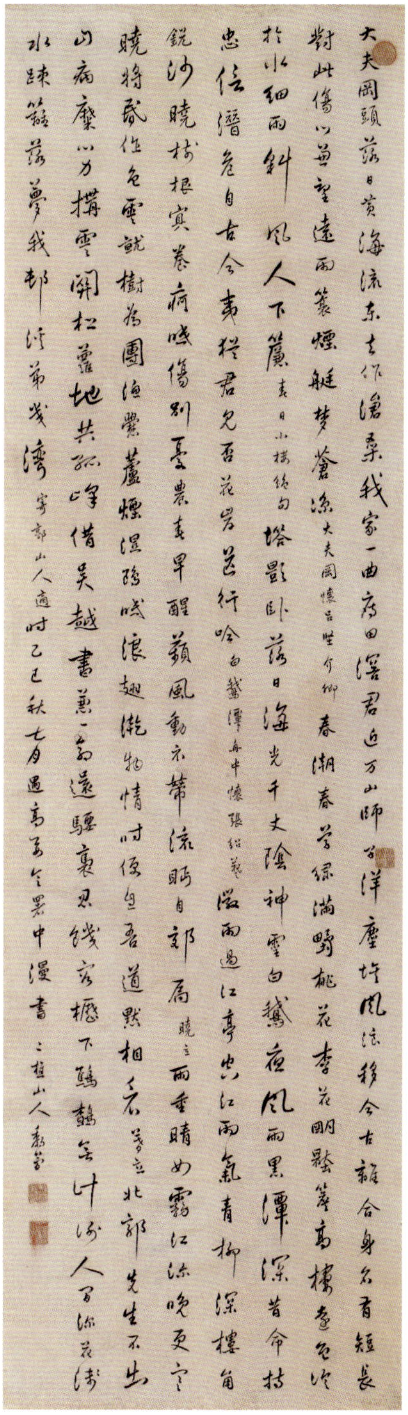

黎简·行书立轴

清·纸本

纵160、横46.5厘米

谭联扬藏

黎简（1747—1799年），字简民，一字未裁，号二樵，广东顺德人，清代著名诗人，一生未仕。黎氏工山水、人物与书法，号为"三绝"。其书意态欲追晋人，中年兼学李邕，晚年多写苏、黄两家体，以行书为佳。该幅书作有种淋漓苍润之感，行笔流畅，蕴涵晋唐遗韵。

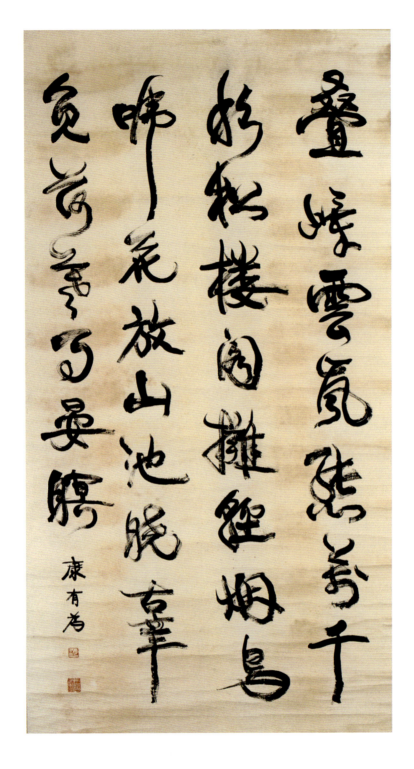

康有为·草书立轴

近代·纸本

纵174、横94厘米

水草居藏

康有为（1858－1927年），原名祖诒，字广厦，号长素，广东南海人。戊戌维新变法的政治领袖之一，后为保皇党首领。书法初习诸帖，后精研碑版，推赞北魏碑刻，著《广艺州双楫》，影响极大。该作融篆隶于行草，墨色苍润相间，古朴雅致；笔力峻拔，气势开张，具有浓郁的北碑气息。

徐世昌·草书字对

近代·纸本
纵148、横28厘米
林少彬藏

徐世昌（1855－1939年），字菊人，号起稻斋，晚号水
竹村人、石门山人，天津人，近代著名政治家、书画家、
诗人。曾一度出任晚清军机大臣、北洋政府国务卿与大总
统等职。工山水花卉，擅画竹石，颇清秀；书法学苏轼，
略变其体。该作结体疏密有致，用笔遒劲潇洒，气势凌
厉，字字不连而气脉相通，予人轻松飞动之感。

李鸿章·行书字对

清·纸本
纵166、横37厘米
林少彬藏

李鸿章（1823－1901年），字渐甫，号少荃，安徽合肥人，晚清军政重臣，淮军创始人和统帅，洋务运动的主要倡导者。书法刚劲有力，多筋骨而少圆润，颇与其性格相符。该幅书作显得古朴而简率，是赠给晚清名将董福祥的对联。

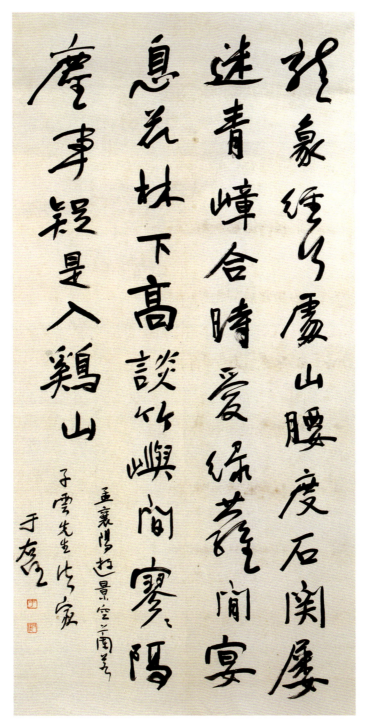

于右任·草书立轴

现代·纸本
纵167、横84.5厘米
朱峰藏

于右任（1878-1964年），原名伯循，以字行，号骚心，又号太平老人，陕西三原人。光绪时举人，曾随孙中山从事民主革命活动，后出任国民政府检察院长。其书由赵孟頫入手，继而转习北碑，将篆隶草法融入楷书，尤精草书，自成一家。该作于北魏楷书中融入行书和隶书笔意，可谓融碑帖于一炉，是其书法佳作。

曾熙 · 篆书字对

近代 · 纸本

纵236、横49厘米

林少彬藏

曾熙（1861-1930年），字子缉，号俟园，晚号农髯，湖南衡阳人，近代著名的书画大师和教育家，曾主讲石鼓书院。其书法造诣甚高，融南帖北碑于一炉，与专就取法北碑的李瑞清号为"南曾北李"。该作以篆隶笔意出之，别有逸致，颇能体现其书法特点。

陆维钊·隶书字对

现代·纸本

纵131、横33厘米

林少彬藏

陆维钊（1899-1980年），原名子平，字微昭，浙江海宁人，现代著名的书画篆刻家、教育家。其书法造诣尤深，精研甲骨文、金文、篆隶、行草等各类书法，自创出非篆非隶、亦篆亦隶的书体，独树一帜，蜚声海内外。该作"冲霄汉，起宏图"，用墨浓淡相间，时有枯笔飞白，气势磅礴，堪称其代表之作。

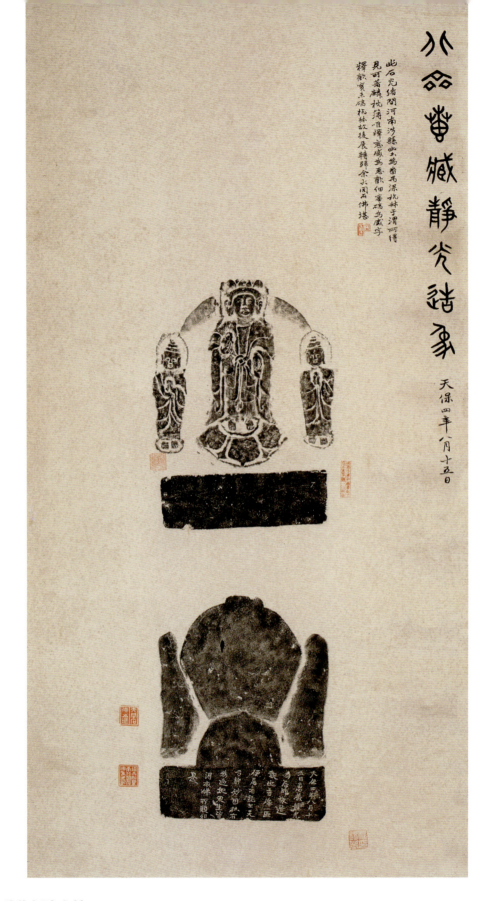

北齐惠藏静光造像拓片立轴

近代·纸本

纵133、横64厘米

鞠稚儒藏

该拓本造像光绪年间出土于河南涉县，后辗转归于近代
著名篆刻家李尹桑（1882-1943年）。该作为李尹桑拓
制，上有其题记及多枚印记。

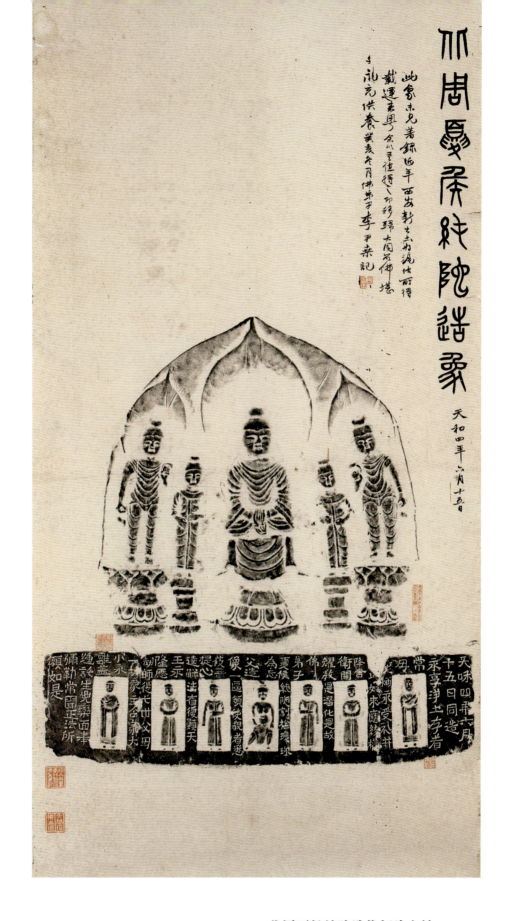

北周夏侯纯陀造像拓片立轴

近代·纸本

纵133、横64厘米

鞠稚儒藏

该拓本原造像近代出土于西安，李尹桑购于上海古玩市场，1923年拓制此片以资纪念。

南朝梁陈宝齐造像拓片立轴

近代·纸本

纵133、横64厘米

鞠稚儒藏

该拓本造像初为吴门韩履卿收藏，1914年辗转至李尹桑
手中。该作是李氏1923年拓制，作为赠友之礼。

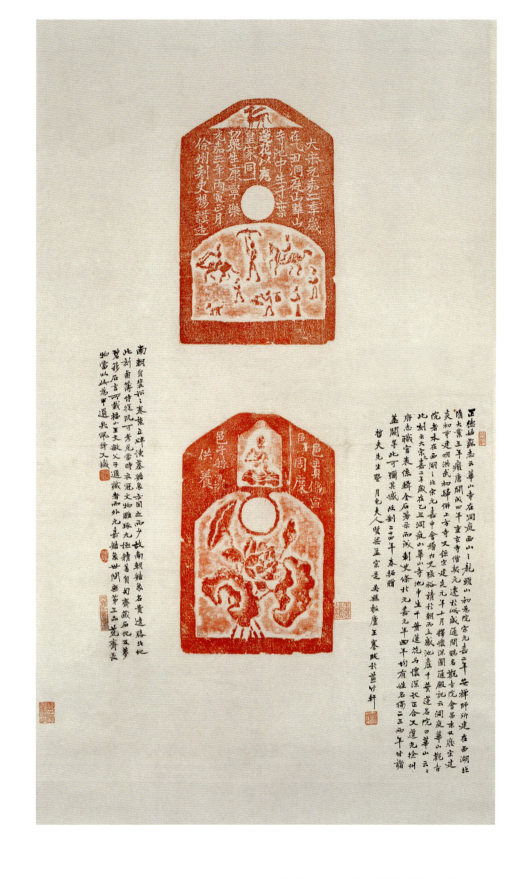

南朝宋千叶莲花造像拓片立轴

现代·纸本

纵116、横55厘米

鞠稚儒藏

该拓片为著名学者王禔拓制，上有其题记。王禔（1888-1969年），原名寿祺，字维君，晚署持髯，江苏吴县人。其学问博洽，精研碑版金石之学，家有"海粟楼"，藏书甚富。

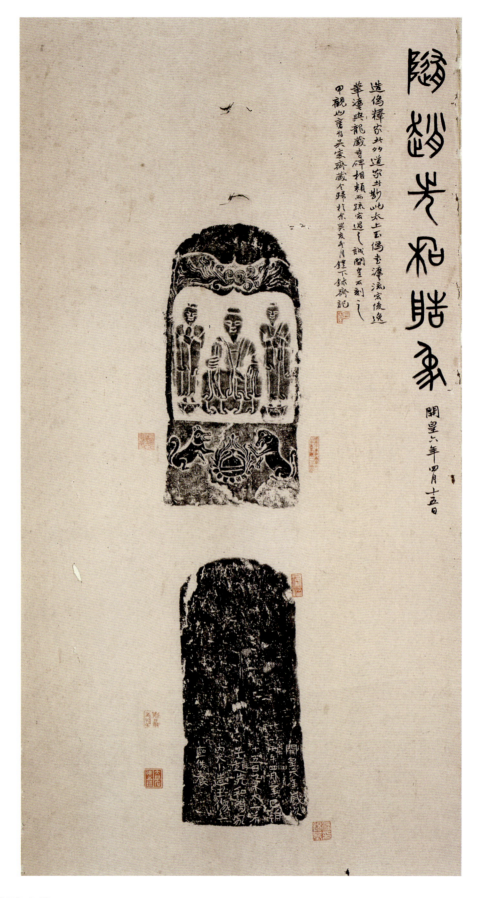

隋赵先和造像拓片立轴

近代·纸本

纵133、 横64厘米

鞠稚儒藏

该拓本造像原为清末著名学者、书画家吴大澂
（1835−1902年）旧藏。后归于李尹桑，该拓本即李氏
1923年拓制，上有其题记及多枚印记。

隋河东郡首山栖岩道场舍利塔碑拓片

现代·纸本

纵242、横107厘米

鞠稚儒藏

该拓本原碑为古代碑刻中著名的三品"鱼子碑"之一，尤以此碑鱼子石为最，其通体鱼卵状圆点密布。该碑是隋碑刻中的巨制，全文共约二千四百字，残损字少，书风高浑，结体缜密，用笔劲健，为隋碑代表作之一。该拓本上方有南怀瑾的题记。

嘉靖剔红盘拓片立轴

现代

纵84.5、横31.5厘米

十里斋藏

该作系已故著名古陶瓷学者陈万里先生所制明嘉靖剔红
盘拓片，拓制手法细腻，人物、景致层次分明，下方有
其题字。该作反映了陈万里先生古陶瓷研究以外的兴趣
爱好，是其重要遗物。

释迦牟尼

清·布本设色

纵138、横69厘米

艺之林藏

该唐卡中心绘释迦牟尼，现降魔成道相，普贤和文殊菩萨协侍左右，主尊座前水池有四臂观音。整幅画作采用中心构图法，色彩鲜艳，对比强烈，人物造型饱满大气，间饰枝叶祥云，加以透视手法，立体感强，主尊背光圆形，饰以波浪式放射金线，属西藏新勉唐画派佳作。

释迦牟尼

清·布本设色
纵180、横106厘米
艺之林藏

该唐卡采用三界构图法，主尊为释迦牟尼，右手触地降
魔印，左手托钵，左右协侍为佛陀两大弟子舍利弗与目
犍连。上方有佛、菩萨，中部环绘藏密大师，下方绘四
大天王与各类金刚护法。整幅图色彩以黄、蓝为主，中
间绘山水，人物衣饰皆工整，体现出汉式画风对藏传佛
教艺术的影响。两大弟子背光均以放射金线勾勒，属新
勉唐派画风。

阿弥陀佛

清·布本设色
纵102、横72厘米
艺之林藏

该唐卡采用中心构图法，主尊绘阿弥陀佛，双手结禅定
印，身后绘楼阁，左右画八大菩萨，上下绘阿弥陀佛传
道故事。整幅绘画富丽多姿，主尊背光和楼阁采用沥粉
贴金技术，背光蓝底上以游丝金线勾勒，呈波浪样，既
工整精细又流畅华美，这两种技法均属新勉唐画派典型
特征，是弥足珍贵的佳作。

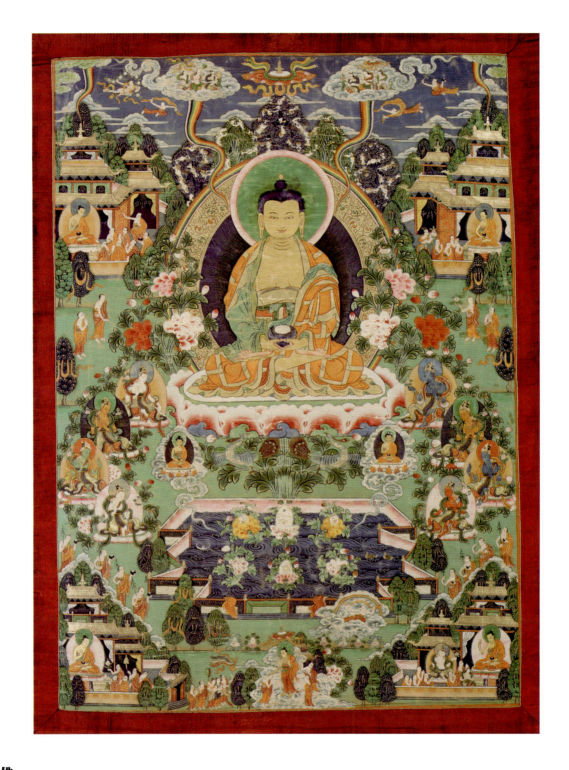

阿弥陀佛

清·布本设色
纵143、横82厘米
艺之林藏

　　该唐卡采用中心构图法，主尊阿弥陀佛结禅定印捧
钵，结跏趺坐于莲台上，座前下方左右分侍八大菩萨，
四方有说法图。整幅图多以蓝为底色，主尊背光施以金
线勾勒，构图各区花枝叶蔓和树木分隔，透视效果较
好，立体感强，属新勉唐画派风格。

四臂观音

清·布本设色
纵126、横68厘米
艺之林藏

该唐卡主尊四臂观音是藏传佛教最受尊崇的神祇之一，有"雪域怙主"之称，是常见的绘画题材。整图采用中心构图法，蓝色为主色调，兼用红色；主尊与上下各尊佛菩萨像背光均以游丝金线勾勒，衣饰线条用兰叶描，皆匀称精到；人物造像寂静饱满，汉式工笔技法风格浓厚，属新勉唐派画作。

大日如来

清·布本设色
纵120、横68厘米
艺之林藏

该唐卡主尊大日如来是藏传密教的法身佛，结禅定印结跏趺坐于莲台上，周围共绘一百七十四尊小佛。整幅构图较有特色，主尊背光施以波浪式金线勾勒，现寂静相，给人清净之感。

绿度母

清·布本设色
纵98、横58厘米
艺之林藏

该唐卡主尊绿度母，是藏传佛教最流行的绘画题材之一，身段婀娜多姿，细腰，手足柔美，飘带飞舞，具印度克什米尔绘画艺术风格，四周有身色形象不同的二十一度母。整幅唐卡最明显的特征就是所有度母的背光均以波浪式的游丝金线勾勒，效果别具一格，是新勉唐画派的佳作之一。

白伞盖佛母

清·布本设色

纵100、横56厘米

艺之林藏

该唐卡主尊为白伞盖佛母，具十一面千手千眼，左手持
长柄白伞盖是该尊标志，上下绘佛、菩萨与各金刚明王
护法。整幅色彩明朗，对比浓烈，本土特征突出，主尊
形象幽雅细腻，祥和中略带忿怒，现寂温相，千手千眼
线条勾勒效果独特。

莲花生

清·布本设色

纵106、横52厘米

艺之林藏

该唐卡采用三界式构图法，主尊莲花生大师，协侍为两位女弟子，上方为佛、菩萨，下方为金刚明王、菩萨。整幅构图错落有致，蓝为底色，一大朵莲花周边晕染祥云，中间出主尊，属藏密祖师图类型绘画。

宗喀巴

清 · 布本设色
纵109、横70厘米
艺之林藏

该唐卡主尊宗喀巴，两大弟子协侍左右，合称"宗喀巴三师徒"。整幅用色鲜艳，间饰祥云花叶，强烈而明确的色彩透出和谐沉稳的意味。

宗喀巴传承

清 · 布本设色
纵158、横95厘米
艺之林藏

该唐卡为上师供养图，又称"皈依境"，是格鲁派信众礼拜供养的对象，也是新勉唐画派创造的独特题材和构图形制。主尊宗喀巴是西藏佛教格鲁派创始人，图下方长出如意树，花枝叶蔓由两侧伸出，树上布满佛、菩萨、金刚护法和上师共二百多位，是西藏唐卡中人物最为繁多的图样之一。构图精妙，气势宏大，人物错落有致，属新勉唐画派作品。

大威德金刚

清 · 布本设色
纵112、横75厘米
艺之林藏

该唐卡属西藏绘画艺术中极富表现力的"黑卡"。主尊
大威德金刚是藏密常描绘的对象，具九头三十四臂十六
足，是文殊菩萨所示现的忿怒像。整幅唐卡以黑色为基
底，用有力的金线勾勒出脸形，仅局部点缀少量白、
黄、红等色彩，并象征性地晕染出人物和山石景物的主
要结构与明暗，意趣神秘而深沉，将该尊明王的威力表
现得淋漓尽致，展现出西藏画家浓厚的线描功力，属新
勉唐画派作品。

具誓金刚善

清·布本设色

纵61.5、横34.5厘米

艺之林藏

该唐卡构图较为简洁，主尊具誓金刚善原属西藏地方苯
教神祇，后被纳入藏传佛教护法神系列，是唐卡中反映
宗教融合的重要题材。主尊骑山羊，身着藏袍现忿怒
像，图上方是宗喀巴三师徒。整幅唐卡人物造型富有张
力，属格鲁派新勉唐画派作品。

九宫八卦图

清·布本设色
纵134、横82厘米
艺之林藏

该唐卡为藏密九宫八卦图，相传是莲花生大士聚集梵、
藏、汉三地各种破除凶煞的镇宅安民之术而制成。中央
为莲花生大师，上有佛、菩萨、金刚护法和梵字咒轮，
下方是四足神龟，背绘九宫八卦图，有十二生肖环绕一
周。整幅唐卡受汉地《周易》文化的影响深厚，此类构
图形制的九宫八卦图似较少见。

后 记

本书藏品的遴选，由深圳市文物管理办公室刘涛、深圳市文物考古鉴定所任志录、郭学雷负责。藏品说明，明以前陶瓷由任志录、刘涛、郭学雷撰写，明清陶瓷、青铜、杂项、书画由郭学雷撰写，唐卡由郭学雷、黄阳兴撰写。

本书的编纂，得到了参与此次展览的收藏家的大力支持与积极配合；唐卡、书画的遴选、鉴定分别得到中国艺术研究院美术研究所金申、国家文物出境鉴定广东站李遇春的大力支持。张珑、黄阳兴、黄诗金、张小兰、史红蔚、姚树宾、周志敏、刘婷婷等为藏品资料整理付出了辛劳；王晓春负责本书文字校对工作；文物出版社为本书编辑出版给予了大力支持。在此一并表示衷心感谢！

编者

2008.5

索 引

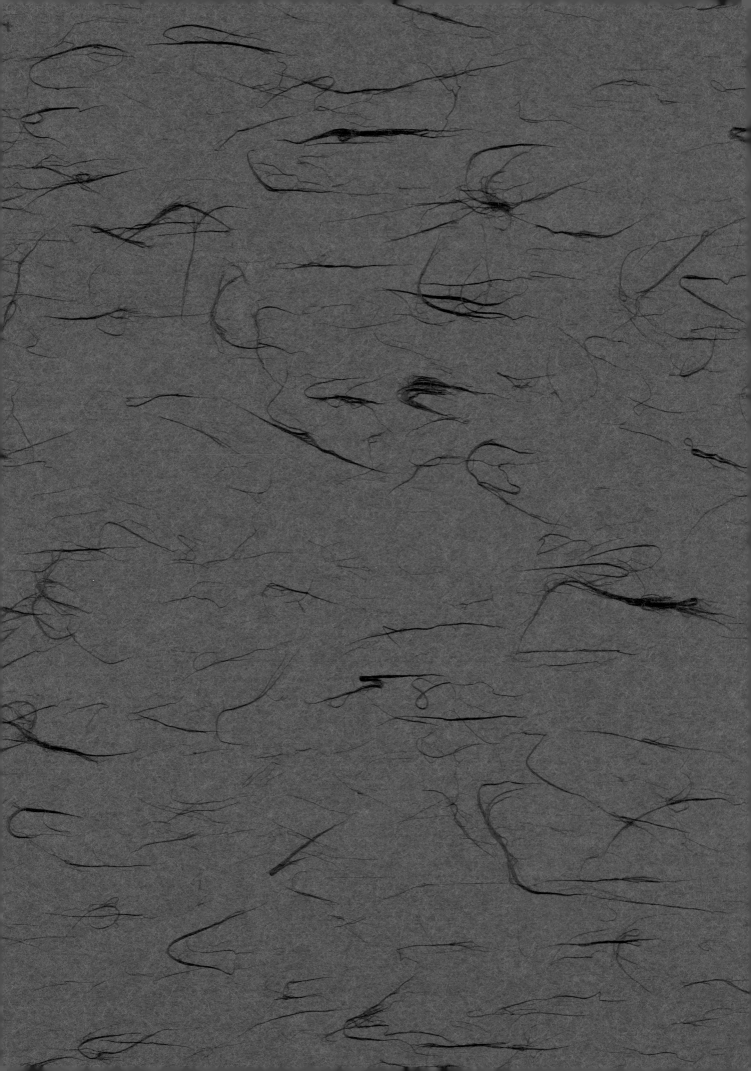